Zum Wohnen schön

Zum Wohnen schön

Stilvoll einrichten mit natürlichen Stoffen

Ian Mankin und Gina Moore

Fotos Nadia Mackenzie

Augustus Verlag

Die Deutsche Bibliothek – CIP-Einheitsaufnahme

Zum Wohnen schön : Stilvoll Einrichten mit natürlichen Stoffen / Ian Mankin und Gina Moore. Fotos Nadia Mackenzie. – Augsburg : Augustus-Verl., 1998
Einheitssacht.: Natural fabrics <dt.>
ISBN 3-8043-0620-9

Die englische Originalausgabe erschien 1997 bei Ebury Press, London,
unter dem Titel: Natural Fabrics

Übersetzung: Wiebke Krabbe, Damlos
Lektorat der deutschen Ausgabe: Eva-Maria Müller, Augsburg
Layout: Alison Shackleton
Umschlaggestaltung: Jane Behrends, München
Illustrationen: Kate Simunek
Satz: satz-studio gmbh, Bäumenheim
Druck: Tien Wah Press, Singapur

Augustus Verlag Augsburg 1998

ISBN 3-8043-0620-9

Inhalt

Für Silvia
und zum Andenken an meine Eltern

Mein besonderer Dank gilt Gina Moore
für die Idee zu diesem Buch.

„Irgendwann erkennt man, daß es nur einen Weg gibt, etwas zu tun: den einfachen. Manche Menschen lernen die Einfachheit nie – das sind die meisten.“

Louis Malle

Einleitung

Man hat mich oft gefragt „Warum natürliche Stoffe?". Erst in letzter Zeit wurde mir bewußt, daß ich in vielem, was ich tue meine Vergangenheit wiederbeleben möchte. Das ergibt sich ganz von allein, denn ich bin in einer Zeit aufgewachsen, in der man im Sommer Socken aus Baumwolle und im Winter Socken aus Wolle trug. Wachsjacken und Tweed-Sakkos, solide Lederschuhe und Anzüge aus Kammgarn waren ebenso selbstverständlich wie Bettwäsche aus Leinen, handbestickte Hohlsaum-Tischdecken mit passenden Servietten oder Gobelin-Stuhlkissen. Synthetische Fasern gab es im alltäglichen Leben meiner Jugend noch nicht.

Viele Jahre lang habe ich in der Lederbranche gearbeitet und hatte wiederum mit Naturprodukten zu tun – Häute und allerlei Zubehör wie Hornknöpfe, Futterstoffe aus reiner Wolle, Beschläge aus massivem Messing, Holzrahmen für Koffer. Selbst Innenknöpfe waren aus Perlmutt.

Seit Generationen spielen Textilien in meiner Familie eine wichtige Rolle. Mein Vater betrieb eine Textilhandlung im Londoner Stadtteil Soho. Kurz bevor er das Geschäft schloß, fand ich einen Prospekt, in dem es folgendermaßen beschrieben wurde: „Ein altmodisches Geschäft mit einem originellen Holztresen und einer Schaufenstergestaltung, die an einen Großhandel erinnert ... Louis Mankin kauft direkt bei den Herstellern ein und hat ständig wechselnde, günstige Angebote an Stoffen aus Naturfasern. Hier finden Sie robusten Köper, ungebleichten Nessel, Sackleinen, Hemdentuch und gestreiften Drell in großer Auswahl." Zweifellos hat meine Geschäftsidee hier ihren Ursprung.

Ich bin ein bodenständiger Mensch, Prunk liegt mir nicht. Meine Läden und die dort verkauften Stoffe sollen schlicht und ehrlich sein. Ich gehe die Dinge unkompliziert an. Die Ladeneinrichtungen werden von Handwerkern gebaut, die Geschäfte werden ohne Computer und Kreditkarten abgewickelt.

Ich bevorzuge hochwertige und zeitlose Stoffe. Mode und Zeitgeist spielen keine Rolle. Mein einziges Kriterium für die Auswahl neuer Stoffe ist die Überlegung, ob ich mit ihnen wohl auf lange Sicht behaglich leben könnte. Und ich möchte, daß niemand, der bei uns einen Stoff ausgewählt hat, sich wenige Monate später die Frage stellen muß: „Warum um alles in der Welt habe ich das gekauft?"

Einer meiner Lieblingsschriftsteller hat einmal gesagt: „Ich kann es mir nicht leisten, mich selbst ernst zu nehmen. Ich möchte unterhalten, das ist alles." Ich glaube nicht, daß ich unterhalten möchte. Ein Freund von mir sagte aber einmal: „Du machst den Menschen Freude." Und das ist tatsächlich mein Anliegen.

Masook

THE UNKNOWN MODIGLIANI
DRAWINGS FROM THE COLLECTION OF PAUL ALEXANDRE

Masook

Üppige Bahnen leuchtend gefärbter Stoffe hängen in der gleissenden indischen Sonne zum Trocknen.

„Ich erinnere mich an eine Reise nach Indien. Ich stand auf einem Balkon, der rings um einen Innenhof verlief, und sah hinab auf gefärbte Garne in all diesen wunderbaren Farben, zum Trocknen in der Sonne ausgebreitet. Ich machte viele Fotos, um mich später an diesen Anblick zu erinnern. Als ich dann den Film entwickeln ließ, waren alle Bilder mißlungen. Trotzdem habe ich die Farben nie vergessen, viele von ihnen sind heute in unseren Lagerräumen vertreten.“

Masook ist eigentlich keine Bezeichnung für eine spezielle Stoffart. Unter dem romantisch klingenden Namen, abgeleitet von dem Hindi-Begriff für „Liebhaber“, werden schlichte, dicht gewebte und handgesponnene indische Baumwollstoffe aus gefärbten Garnen zusammengefaßt. Der feste Stoff mit seiner markanten, quer verlaufenden Rippenstruktur erinnert an Rips.

Die feste Struktur des Masook wurde in den frühen sechziger Jahren entwickelt, als die Londoner Firma Liberty Bedarf an einem besonders dicht gewebten Stoff für Möbelbezüge anmeldete. 32 Kettfäden pro Zentimeter wurden angelegt, während bislang maximal 24 Kettfäden üblich waren. Dieser Stoff, der anfangs von Liberty unter dem Namen „Reptrust“ vertrieben wurde, erlangte in Westeuropa wegen seiner Robustheit schnell große Beliebtheit.

Masook wird vorwiegend in Cannanore im Bundesstaat Kerala hergestellt, einer herrlich grünen Gegend an der Südwestküste Indiens. Cannanore liegt an der sogenannten Malabar-Küste, die auf eine interessante und blühende Vergangenheit zurückblickt. Hier gab es schon einen Gewürzhandel mit dem Westen, noch ehe Vasco da Gama 1498 von Portugal nach Indien segelte. Auch die Herstellung von Textilien hat in dieser Gegend eine lange Tradition.

Überhaupt hat die Herstellung von Baumwollstoffen in ganz Indien eine lange und faszinierende Geschichte. Wer sie kennt, der kann verstehen, warum indische Baumwolle noch heute weltweit beliebt ist. Die Baumwollpflanze ist in Indien heimisch. Man nimmt an, daß hier auch die ersten Techniken entwickelt wurden, aus den watteartigen Fruchtständen Fäden zu spinnen. Bald fand man auch ein Verfahren, um Baumwollfasern dauerhaft zu färben. In Europa entwickelte man solche Techniken erst 3000 Jahre später.

Die Europäer waren begeistert von den farbenprächtigen Stoffen Indiens, und schon im frühen 15. Jahrhundert entwickelte sich ein schwunghafter Handel.

Die indischen Färber gehörten einer speziellen, relativ niederen Kaste an. Gerade durch diese gesellschaftliche Ausgrenzung konnte aber ihr uraltes Wissen ohne Unterbrechung von Generation zu Generation weitergegeben werden. Noch heute sind diese Färber in der Lage, aus ein paar unscheinbaren Steinen in einem gewöhnlichen Eimer einen beliebigen Farbton zu mischen – Farben, die den heutigen, chemisch hergestellten Tönen nicht im geringsten nachstehen.

Ein anderer Grund für die besondere Schönheit und Intensität der indischen Baumwollstoffe ist der, daß die Garne grundsätzlich vor dem Weben gefärbt werden. Hierzulande ist das umgekehrte Verfahren üblich: Die Fäden werden erst verwebt und die Stoffe dann bahnenweise eingefärbt. So zeigt sich auf dem gesamten Stoffballen eine sehr gleichförmige Farbwirkung. Die unvergleichliche Lebendigkeit der indischen Stoffe rührt aber gerade von den leichten Farbschwankungen her. Die unregelmäßige Struktur der handgesponnenen Fäden und handgewebten Stoffe unterstreicht diese Ursprünglichkeit.

Im 19. Jahrhundert, der Blütezeit des britischen Regimes in Indien, litt die indische Textilindustrie unter dem Konkurrenzdruck billiger, maschinell hergestellter Stoffe aus den englischen Industriestädten, wo speziell für den indischen Markt gefertigt wurde. Während des indischen Unabhängigkeitskampfes in den Jahren

EIN EINFACHES LAGERREGAL AUS HOLZ LÄSST SICH MIT MASOOK GANZ EINFACH VERKLEIDEN. DER STOFF WIRD MIT KLETTBAND AN DER OBERKANTE BEFESTIGT. AN DER VORDEREN MITTE WERDEN ZWEI SCHLEIFEN AUFGENÄHT. EINE BOGENKANTE MACHT DIE GESTALTUNG PERFEKT.

1915 bis 1947 verwendete Mahatma Gandhi die ursprüngliche indische Textilkultur als Beispiel, um den Indern den Einfluß und die wirtschaftliche Dominanz der Briten vor Augen zu führen. „Khadi", das ist ein handgewebter Stoff aus handgesponnenem Garn, wurde zum Symbol der Unabhängigkeit und der Eigenständigkeit. Nach der Unabhängigkeitserklärung im Jahre 1948 wurde durch das Khadi-Programm die indische Handweberei neu belebt und nahm einen beträchtlichen Aufschwung. Heute ist Indien wieder zu einem der wichtigsten Exportländer für Textilien geworden.

Masook im Wohnbereich

Masook wurde ursprünglich als Möbelbezugsstoff entwickelt. Darum eignet er sich ausgezeichnet für Polster- und andere lose Bezüge oder Überwürfe. Wegen seines schweren Falls lassen sich daraus auch Vorhänge gut anfertigen. Besonders reizvoll ist dieser Stoff aber wegen der großen Farbenvielfalt. Obwohl nur noch selten pflanzliche Farbstoffe verwendet werden, besitzen die Töne noch immer einen sanften, natürlichen Charakter, der an die alten Färbetechniken erinnert. In einer Zeit, in der natürliche Materialien und traditionelle Handwerkskünste wieder mehr an Bedeutung gewinnen, fügen sich die Farben des Masook ideal in moderne Wohnräume ein.

Suchen Sie einen Farbton, der ideal mit einem Holzfußboden bzw. einer Ziegel- oder Natursteinwand harmoniert? In der Farbpalette der Masook-Stoffe werden Sie ihn finden. Möchten Sie einen Bogen schlagen zwischen einem in warmen Rot- und Blautönen gemusterten Orientteppich und Ihrem übrigen Mobiliar? Besitzen Sie bereits einige antike oder auch folkloristische Textilien – etwa bestickte Kissen oder eine gequiltete Decke? Die Farben von Masook harmonieren mit allem.

Experimentieren Sie auch mit Kontrastfarben. Fassen Sie Vorhänge mit einer oder zwei kontrastierenden Farben ein. Versehen Sie Polster- und andere Bezüge mit Paspeln, um die Konturen zu betonen. Häufen Sie einfach viele farblich aufeinander abgestimmte Kissen auf ein tiefes, gemütliches Sofa. Sie werden feststellen, daß die Farben des Masook noch lebendiger wirken, wenn sie kombiniert werden.

Masook wird auch in Karo- und Streifenmustern angeboten, die perfekt mit den einfarbigen Stoffen harmonieren. So ergeben sich noch mehr Möglichkeiten für ungewöhnliche und faszinierende Kombinationen. Sehr wirkungsvoll ist schon eine Tischdecke aus einfarbigem Masook, passend zu Ihrem Geschirr. Wenn Sie die Decke zusätzlich mit kariertem Stoff einfassen, der beispielsweise den Farbton der Eßzimmerwände aufgreift, werden verschiedene Raumelemente zu einem harmonischen Ganzen verknüpft.

Gegenüber: Masook in kontrastierenden Farben wurde hier zu einer schlichten, aber äusserst dekorativen Decke zusammengenäht. Sie passt in jeden Raum.

THE UNKNOWN MODIGLIANI
DRAWINGS FROM THE COLLECTION OF PAUL ALEXANDRE

Tagesdecke aus Masook

Schon als Ian Mankin mit Anfang zwanzig seine erste Wohnung einrichtete, hatte er eine Vorliebe für Streifenstoff. Er konnte keinen passenden finden, darum kaufte er zwei einfarbige Stoffballen und nähte seinen Streifenstoff selbst. Daraus entstanden mehrere Kissen und eine Tagesdecke für das Bett. Die auf den vorigen Seiten abgebildete Decke knüpft an diese erste Tagesdecke an. Schneiden Sie gleichmäßig breite Streifen aus Masook in zwei unterschiedlichen Farben zu und nähen Sie diese aneinander. Die Rückseite der Decke besteht aus einer einfarbigen Stoffbahn. Für die Einfassung wird eine dritte Farbe verwendet, die Ecken werden als schräge Ecken (s. Seite 122) gearbeitet. Zum Schluß wird von Hand mit seidigem Stickgarn entlang jeder Streifennaht eine Reihe von Vorstichen gestickt. Dabei fassen Sie die Rückseite der Decke mit. Das sieht dekorativ aus, und zugleich werden die beiden Stofflagen zusammengehalten.

MASOOK – PRAKTISCHE HINWEISE

- Masook dehnt sich beim Nähen in Längsrichtung (Kettrichtung); sehr straff sitzende Polsterbezüge lassen sich deshalb nur schwer anfertigen. Wenn Sie Vorhänge nähen wollen, dürfen Sie den Stoff beim Ausmessen nicht dehnen, sonst werden die Vorhänge leicht zu kurz. Andererseits hängen sich Vorhänge im Lauf der Zeit aus. Wenn Ihnen Ihre Vorhänge also nach dem Aufhängen zu kurz erscheinen, lassen Sie sich mit dem Ändern getrost etwas Zeit!
- Die wunderbaren Farben des Masook bleichen leicht aus, wenn sie direktem Sonnenlicht ausgesetzt sind. Vorhänge sollten darum immer gefüttert werden. Auch Polstermöbel in der Nähe von Fenstern brauchen einen Sonnenschutz.
- Da Masook ein reiner Baumwollstoff ist, läuft er beim Waschen ein. Sie müssen dies also je nach Verwendungszweck bereits mit berücksichtigen oder fertige Stück reinigen lassen. Trocknen Sie Masook niemals im Wäschetrockner. Polsterbezüge werden nach dem Waschen noch etwas feucht aufgezogen. So ziehen sie sich am besten in Form.
- Aus demselben Grund dürfen beim Nähen von Vorhängen die Nähte und Säume niemals mit dem Dampfbügeleisen gebügelt werden. Durch den heißen Dampf zieht sich der Stoff in diesen Bereichen zusammen, der Vorhang wird nie wieder glatt hängen. Masook also immer trocken bügeln (das empfiehlt sich übrigens auch bei allen anderen Vorhangstoffen).

Vorige Seite: DIE KISSEN SIND AUS GANZ UNTERSCHIEDLICHEN STOFFEN GENÄHT. ALS VERBINDENDES ELEMENT FUNGIEREN DIE SANFTEN, NATÜRLICHEN FARBTÖNE.

Gegenüber: DAS ROTBRAUNE KAROMUSTER DES SOFAS PASST IDEAL IN DIE LUFTIGE, KLARE ATMOSPHÄRE DIESES WOHNZIMMERS. IN DER ANORDNUNG DER BILDER UND IM DACH DES ANGRENZENDEN WINTERGARTENS WIEDERHOLEN SICH DIE STRENGEN, GEOMETRISCHEN LINIEN.

Kissen mit Falten

VORBEREITUNG

- In der Hauptfarbe ein Teil A, 43 x 153 cm groß, zuschneiden.
- In der Kontrastfarbe ein Teil B, 23 x 53 cm, und ein Teil C, 63 x 53 cm, zuschneiden.

Fertige Grösse
50 x 50 cm

Material

- 1,60 m Masook in der Hauptfarbe
- 60 cm Masook in einer Kontrastfarbe
- 4 Knöpfe
- Kissen, 50 x 50 cm
- Schneiderkreide oder Bleistift
- Lineal

1 & 2

1 Markieren Sie an den Längsseiten von Teil A alle 5 cm die Faltenabstände und zeichnen Sie die Bruchlinien auf dem Stoff vor. An der Ober- und Unterkante bleiben je 1,5 cm Nahtzugabe übrig.

2 Nun bringen Sie die dritte Bruchlinie mit der ersten zur Deckung und steppen diese knappkantig fest. Fahren Sie so fort, bis alle zehn Falten eingelegt sind und das fertig in Falten gelegte Teil 53 x 43 cm groß ist.

3 Teil B wird mit einer Längskante rechts auf rechts an der gefalteten Kante von Teil A festgesteckt. Die Kanten mit 1,5 cm Nahtzugabe zusammensteppen, dann die Naht zu Teil B hin ausbügeln. Jetzt wird die offene Längskante von Teil B 1,5 cm breit umgebügelt und zur Naht hin eingebogen. Mit Saumstichen von Hand säumen.

3

4 An einer Schmalseite von Teil C einen schmalen doppelten Saum umsteppen. Dies wird später die Innenklappe des Bezugs.

5 Das zusammengesetzte Teil A/B rechts auf rechts auf Teil C legen. Die gefaltete Kante von Teil A liegt dabei auf der ungesäumten Schmalseite von Teil C, die gesäumte Kante von Teil C ragt über das angesetzte Teil B hinaus. Das überlappende Stück von Teil C über Teil B klappen und feststecken. Danach die drei offenen Kanten durch alle Stofflagen hindurch zusammensteppen.

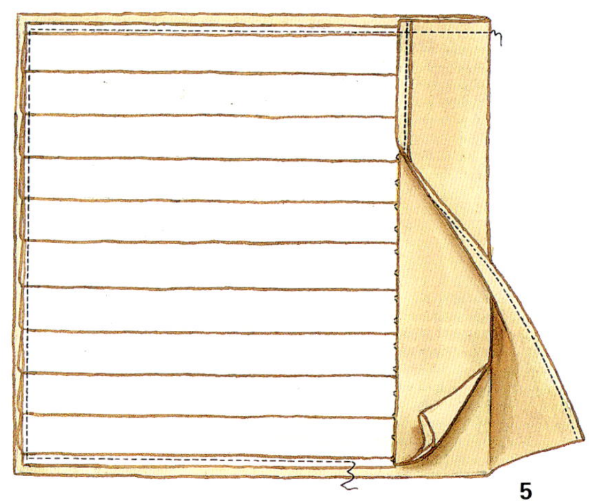

5

6 Den Bezug wenden, in Teil B vier Knopflöcher arbeiten (s. Seite 118) und entsprechend vier Knöpfe an Teil C aufnähen.

Stoffbezogener Hocker

Bestellen Sie beim Polsterer oder in einem Schaumstoffgeschäft einen Block schwer entflammbaren Schaumstoffs in den Maßen 46 x 46 cm und mit 38 cm Höhe. Es ist wichtig, daß der Block zunächst einen fest sitzenden Innenbezug aus Futterstoff erhält: Zum einen läßt sich anschließend der dekorative Bezug leichter anbringen, zum anderen wird der Schaumstoff durch den straffen Bezug fester zusammengedrückt, und die Kanten werden somit leicht abgerundet.

Vorbereitung

- Für das Futter zuschneiden:
  2 Seitenteile, je 93 x 38 cm, 2 Quadrate für Deckel und Boden, je 46 x 46 cm

- Für den Bezug aus Masook in der Hauptfarbe zuschneiden:
  1 Quadrat, 49 x 49 cm, für das Oberteil
  4 Teile, je 28 x 36 cm, für die Taschen
  2 Seitenteile nach dem Schnittschema auf Seite 23

- Aus kontrastfarbigem Masook zuschneiden:
  2 m langen Schrägstreifen, 5 cm breit, für die Paspel (s. Seite 118)
  4 Streifen zum Einfassen der Taschen, je 7 x 36 cm

Material

- 1,25 m Futterstoff
- 2 m Masook in der Hauptfarbe
- 1 m Masook in Kontrastfarbe
- Paspelkordel
- Schneiderkreide
- 1,75 m Baumwollband, 12 mm breit, in 8 gleiche Stücke geschnitten

1 Die beiden Seitenteile aus Futterstoff werden an den Schmalseiten mit 1 cm Nahtzugabe zusammengesteppt. Den Boden rechts auf rechts an das Seitenteil stecken und ebenfalls mit 1 cm Zugabe feststeppen. Die Nahtzugabe an den Ecken einschneiden. Die Oberkante des Seitenteils 1 cm breit umbügeln, eventuell heften. Auch die Kanten des Oberteils werden umlaufend 1 cm breit umgebügelt. Nun den Bezug über den Schaumstoffblock ziehen, den Deckel auflegen, feststecken und mit festem Baumwollgarn zusammennähen.

2 Jetzt wird die Paspel vorbereitet (s. Seite 119) und an der Kante des Oberteils festgesteppt. Dann die Schmalseiten des Bezugs rechts auf rechts mit 1,5 cm Nahtzugabe zusammennähen. Das Oberteil wird rechts auf rechts am Seitenteil festgesteckt und ebenfalls mit 1,5 cm Nahtzugabe aufgenäht. Dabei die Paspel mitfassen. An den Ecken die Nahtzugabe einschneiden. Mit Schneiderkreide die Positionen der Taschen anzeichnen (s. Schema Seite 23).

2

THE UNKNOWN MODIGLIANI
DRAWINGS FROM THE COLLECTION OF PAUL ALEXANDRE
Noël Alexandre

3 Je eine Längskante der Stoffstreifen für die Tascheneinfassungen 1 cm breit umsteppen. Stecken Sie die ungesäumte Kante rechts auf rechts an die Oberkante einer Tasche und steppen Sie den Streifen mit 1,5 cm Nahtzugabe fest. Dann die Naht ausbügeln und alle Schnittkanten des Taschenstoffs 1,5 cm breit umbügeln. Die obere Einfassung so nach innen einschlagen, daß außen ein 1 cm breiter Streifen sichtbar bleibt. Die Innenkante wird von Hand gegen die Ansatznaht gesäumt.

4 An den Seiten der Tasche je eine 2 cm tiefe Falte einlegen, bügeln und die Falte knapp an der Kante entlang absteppen. Die übrigen drei Taschen entsprechend vorbereiten.

3

6 Die Unterkante des fertigen Bezugs wird 1 cm breit umgebügelt und umgesteppt. Achten Sie dabei darauf, daß der Stoff in den Rundungen nicht überdehnt wird. An den Ecken rechts und links der Ausbuchtungen nähen Sie die Bandstücke an.

7 Ziehen Sie den Bezug über den Schaumstoffblock und befestigen Sie ihn an der Unterseite mit festen Schleifen. Den überstehenden Stoff an den Ecken in Falten legen und mit einigen Heftstichen fixieren. Diese lassen sich zum Waschen des Bezugs leicht auftrennen.

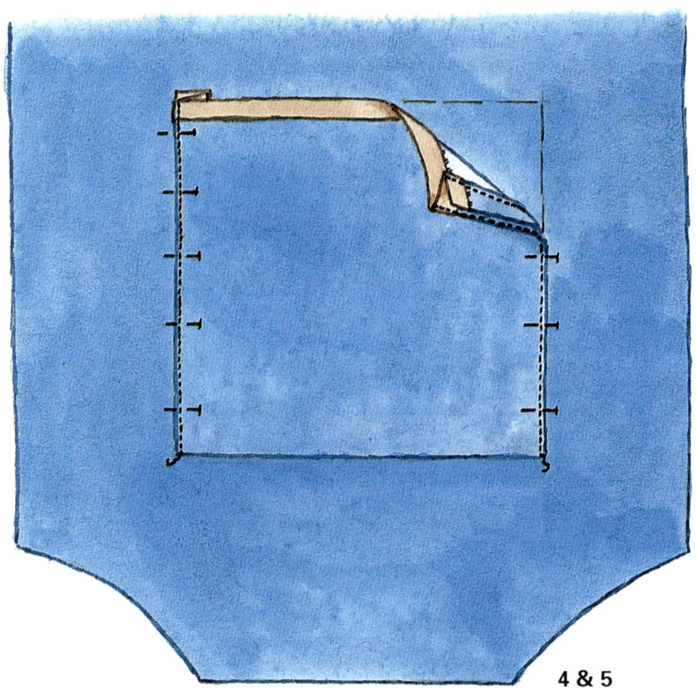

4 & 5

5 Nun werden die Taschen auf dem Bezug plaziert, festgesteckt und -geheftet. Die seitlichen Kanten aufsteppen und dabei die Nahtenden mit einigen Rückwärts-Stichen gegen Ausreißen sichern. Anschließend die Unterkante der Taschen aufsteppen und dabei die Falten rechts und links mit fixieren.

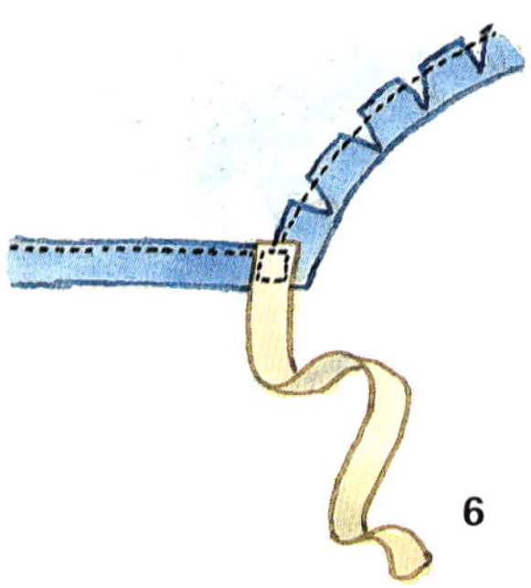

6

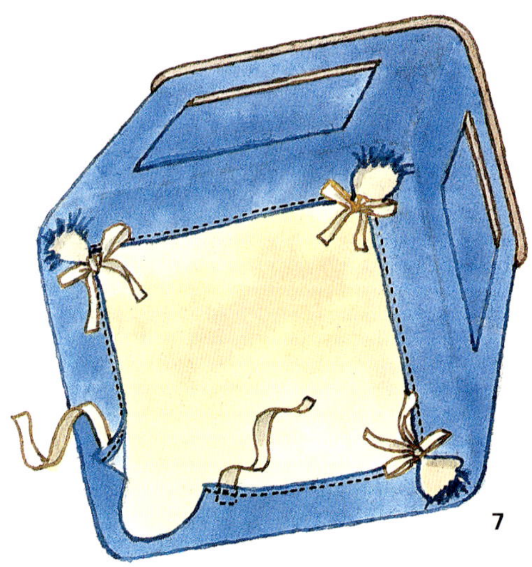

7

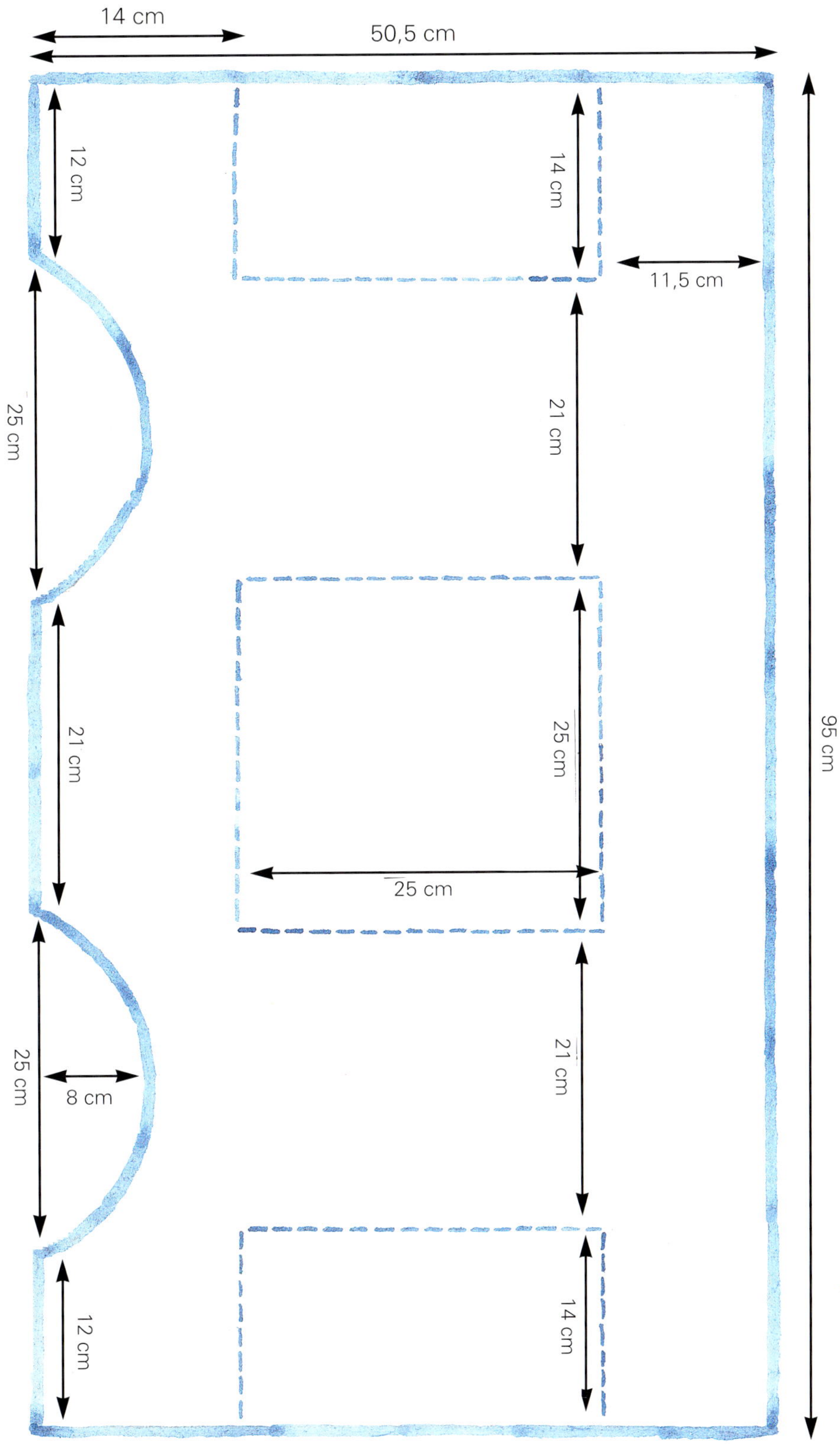

Nach diesem Schema zwei gleiche Teile zuschneiden, die Lage der Taschen mit Schneiderkreide markieren.

Vorhänge mit Faltenteil

Diese Vorhänge haben unten ein in Falten gelegtes, angesetztes Teil in kontrastierender Farbe. Die Ansatznaht verbirgt sich unter einer Fransenborte. Setzen Sie den Kontraststreifen auf Höhe der Fensterbank an; bei durchgehenden Fenstern empfiehlt sich eine Höhe von etwa einem Fünftel der Gesamtlänge. Vermessen Sie zuerst das Fenster (s. Seite 120/121), entscheiden Sie dann, wie hoch das Faltenteil werden soll.

Vorbereitung

- Schneiden Sie den Stoff in der Hauptfarbe in der gewünschten Gesamtlänge abzüglich der Höhe des angesetzten Teils, aber zuzüglich 11,5 cm für Säume und Nahtzugaben, zu. Die Breite ergibt sich aus der Fensterbreite mal dem gewünschten Faktor für den Faltenwurf (s. auch Seite 121).
- Aus dem kontrastfarbigen Masook schneiden Sie einen Streifen in der gewünschten Höhe zuzüglich 10 cm für jede Querfalte sowie 21,5 cm Zugabe für Säume zu. Die Breite entspricht der des Hauptstoffs.
- Für das Futter benötigen Sie eine Stoffbahn in der gewünschten fertigen Länge zuzüglich 15 cm und in der Breite des Hauptstoffs.
- Leinenborte und Faltenband werden vor dem Zusammennähen der beiden Vorhangstoffe ausgemessen und zugeschnitten, das Faltenband darf noch nicht zusammengezogen sein.
- Wenn Sie in der Breite mehr als eine Stoffbahn pro Vorhang verarbeiten wollen, setzen Sie diese zuerst zusammen. Das kontrastfarbige Teil wird anschließend angesetzt.

Material

- Masook in der Hauptfarbe
- Masook in einer Kontrastfarbe
- Fransenborte aus Leinen
- Futterstoff
- Faltenband, 2,5 cm breit
- Vorhanghaken
- Bleigewicht

1 Legen Sie einen Vorhang mit der linken Seite nach oben auf eine glatte Oberfläche. Bügeln Sie die Seitenkanten bis etwa 20 cm oberhalb der Unterkante 5 cm breit um und fixieren Sie diese mit Hexenstichen. An der Unterkante einen 10 cm breiten, doppelt eingeschlagenen Saum mit schrägen Ecken (s. Seite 122) einbügeln und wieder aufklappen.

2 Legen Sie nun fest, wo die Falten beginnen und wie tief sie werden sollen. Ziehen Sie mit Schneiderkreide auf der Rückseite des Stoffes dort eine Linie, wo die erste Falte liegen soll. Im Abstand von je 10 cm werden dann die nächsten Linien gezogen. Legen Sie die ersten beiden Linien deckungsgleich übereinander, dann bügeln Sie die entstandene Falte und steppen sie fest. Mit den übrigen Falten entsprechend verfahren.

1 & 2

3 Schlagen Sie den Saum des Vorhangs an der Unterkante wieder ein. In die untere Ecke wird ein mit Stoff bezogenes Bleigewicht gelegt, dann wird der Saum von Hand mit Überwendlingsstichen (s. Seite 122) angenäht.

4 Zum Aufnähen der Leinenborte drehen Sie den Vorhang um. Die Borte wird exakt auf der Nahtlinie festgesteckt und -geheftet. An den Seitenkanten die Borte zur linken Seite des Vorhangs umschlagen und bis zur Kante des seitlichen Saums feststecken. Die Enden der Borte werden dort untergeschoben und von Hand festgenäht, damit sie nicht ausfransen.

5 Wenn Sie vom Futterstoff mehr als eine Stoffbahn in der Breite benötigen, setzen Sie jetzt die einzelnen Bahnen zusammen. Die Nähte gut ausbügeln. An der Unterkante wird ein 5 cm breiter doppelter Saum umgebügelt und festgesteppt. Ober- und Futterstoff werden nun links auf links aufeinandergelegt, dabei liegt der Futterstoff oben. An der Unterkante ragt der Oberstoff 5 cm weit über das Futter hinaus, die Kanten der anderen drei Seiten genau in Deckung bringen.

6 Ist das Futter exakt ausgerichtet, bügeln Sie die Kanten 2,5 cm breit nach innen um. Nähen Sie dann den Futterstoff mit Überwendlingsstichen am seitlichen Saum des Oberstoffs fest und führen Sie diese Handnaht etwa 5 cm weit auf dem unteren Saum weiter. Die Fadenenden anschließend gut vernähen.

7 Messen Sie nun die endgültige Länge des Vorhangs von der Unterkante her aus und stecken Sie diese an der Oberkante mit Nadeln ab; überstehenden Stoff an dieser Linie nach links umbügeln. Zeichnen Sie 7 cm unterhalb des Bruches mit Kreide eine Markierungslinie an. Jetzt wird das Faltenband so aufgesteppt (s. Seite 123), daß die Oberkante des Bandes entlang der Kreidelinie verläuft. Den zweiten Vorhang ebenso arbeiten.

3 & 4

5, 6 & 7

Gebrauchsstoffe

Gebrauchstoffe

Der bunt gestreifte Canvas dieser Liegen ist ein hervorragendes Beispiel für einen Gebrauchsstoff, der seinem Verwendungszweck optimal gerecht wird. Er ist enorm stabil, die fröhlichen Farben passen gut an den Strand oder in den Garten – und er wird speziell in der Breite der Holzliegen gewebt.

„Zu den interessantesten Mustern, die mir je begegnet sind, gehören die einfachen, blau-weißen Streifen der Metzger-Arbeitskleidung. Es ist ein sehr intensives, wirkungsvolles Muster, aber einer unserer Kunden kam auf die Idee, den Stoff mit der Rückseite zu verarbeiten. Der Effekt war verblüffend: edel und dezent, fast wie der Nadelstreifen eines eleganten Herrenanzuges. So hat eben jedes Ding zwei Seiten."

Man könnte behaupten, daß die meisten Stoffe aus dem Mankin-Programm Nutz-und Gebrauchsstoffe sind. Mankins Konzept basiert in der Tat auf Altbekanntem: Es sind traditionelle, funktionale Stoffe aus Naturfasern. Seit jeher bieten seine Läden eine große Auswahl an strapazierfähigen Alltags- und Gebrauchsstoffen in klassischen Mustern – wie Rohleinen und Matratzendrell (Ticking). Neu und originell ist jedoch Mankins Idee, diese Stoffe für Einrichtungstextilien im Wohnbereich einzusetzen.

In den letzten Jahren entwickelte Mankin eine umfangreiche Drell-Kollektion (Ticking), der in diesem Buch ein ganzes Kapitel gewidmet ist (s. Seiten 56 bis 69). Als klassische Nutzstoffe gehören auch Canvas und Calico zum Repertoire.

Die Bezeichnung „Canvas" stammt vom altenglischen „canevas" ab, was wiederum zurückgeht auf das lateinische Wort für Hanf – Cannabis. Dieser schwere, dicht gewebte Stoff, der als Material für Segel und Zelte diente, wurde ursprünglich aus Hanf und Flachs hergestellt. Heute wird Canvas meist aus Baumwolle produziert. In den Handel gelangt das Material oft auch unter anderen Bezeichnungen wie Markisendrell, Segeltuch oder Malerleinwand. All diese Namen weisen darauf hin, daß Canvas noch immer ein klassischer Gebrauchsstoff ist, dessen wichtigste Merkmale Festigkeit und Haltbarkeit sind. Unterschiedliche Qualitäten vom nahezu durchsichtig-leichten Stoff bis zum derben Nutztuch werden angeboten. Aus Indien kommen auch handgewebte Canvas-Stoffe aus handgesponnenen Garnen und in lebhaften Farbtönen.

Calico leitet sich von Calicut her, einer Hafenstadt an der indischen Südwestküste, in der traditionell glatte, schlichte Baumwollstoffe hergestellt wurden. Die Ostindien-Kompanie pflegte hier Stoffe einzukaufen, um sie auf den Gewürzinseln weiter östlich wieder zu verkaufen. Oft wurde Calico auch bedruckt. In Amerika ist

Calico sogar zum Oberbegriff für klein gemusterte Baumwollstoffe geworden. Allgemein versteht man darunter heute einen glatten, gewebten Stoff aus gekardeter, also gekämmter Baumwolle, der meist ungebleicht in den Handel kommt (Nessel). Charakteristisch sind die kleinen, dunklen Fasern, die von den Baumwollsamen stammen. In der Weiterverarbeitung wird Calico oft mit starker Appretur behandelt, um den Stoff zu festigen und zu imprägnieren. Als Unterstoff in der Polsterei sowie zur Herstellung von Schnittmustern und Probemodellen in der Maßschneiderei ist der preiswerte Stoff sehr beliebt.

Heute ist Calico auch vorgewaschen im Handel erhältlich. Der Stoff läuft also nicht mehr ein, außerdem ist er weniger steif. Dadurch eignet er sich sehr gut für weich fallende Vorhänge.

In diesem hellen, eleganten Raum wurde ausgiebig mit schwerem Canvas dekoriert. Für den Vorhang fällt das Material in üppigen Falten, die Stuhlkissen zieren hübsch gebundene Schleifen.

Gebrauchsstoffe im Wohnbereich

Schwerer Canvas ist ein fester, stabiler Stoff, der sich ausgezeichnet zum straffen Beziehen von Polstermöbeln eignet. Soll er für steife, abnehmbare Bezüge verwendet werden, muß er vorgewaschen sein. Canvas ist auch ideal für schlichte Faltrollos, seine dichte Webart macht ein Futter überflüssig. Auch einfache, nicht zu üppige Vorhänge können aus Canvas genäht werden.

Kombinieren Sie Canvas mit Details, die seine nutzorientierte Herkunft nicht verleugnen. Schlagen Sie Metallösen in die Oberkante eines Vorhangs, binden Sie ihn mit Seilen an der Gardinenstange fest. Oder verzichten Sie ganz auf eine Vorhangstange und befestigen Sie den Vorhang an einer Reihe von Haken über dem Fenster. In diesem Fall werden die Schals mit Seilen zur Seite gerafft. Wenn Sie Canvas stilecht im Haus einsetzen wollen, lassen Sie sich beim Schiffsausrüster oder in der Eisenwarenhandlung inspirieren.

Leichter Canvas ist eine stabile Alternative zu Musselin. Ein ungefüttertes Faltrollo sperrt eine häßliche Aussicht oder neugierige Blicke aus, läßt aber genügend Licht in den Raum. Bodenlange, ungefütterte Vorhänge, die sich vor großen Fenstern üppig bauschen, wirken aus leichtem Canvas fröhlich und sommerlich. Dekorativ sind auch Vorhänge mit einer Schrägstreifen-Einfassung aus kariertem Stoff.

Indischer Canvas zeigt die unregelmäßige Struktur handgesponnenen Garns. Durch die feste Webart ist er dennoch stabil. Die Farbpalette reicht vom flammenden Orange bis zu kühlem Türkis. Viele Kissen in leuchtenden Farben lassen ein weißes Sofa in einem neutral gehaltenen Zimmer lebendiger wirken.

Calico ist ein preiswerter und vielseitiger Stoff. In seiner gestärkten Form läßt er sich nicht leicht verarbeiten, die Mühe wird aber bei Vorhängen durch einen üppigen Faltenwurf belohnt. Durch die Appretur wird der Stoff feuchtigkeitsabweisend, darum verarbeitet man ihn noch heute gerne für Schutz- und Schonbezüge. Vielleicht nähen Sie einmal einen locker sitzenden Stuhlbezug aus Calico, mit dem der kostbarere Stoff darunter geschützt werden kann.

Vorgewaschener Calico hat den natürlichen Charme ungebleichter Baumwolle. Er fällt weich und eignet sich gut für ungefütterte Vorhänge in einem ländlichen Interieur. Mit einem dicken Zwischenfutter versehen und üppig über eine Stange drapiert, läßt sich der Stoff auch sehr kunstvoll dekorieren. Calico hat den Vorteil, daß er sehr preiswert ist. Sie können phantasievoll und verschwenderisch damit umgehen,

DIE ABNEHMBAREN BEZÜGE DIESER IMPOSANTEN OHRENSESSEL SIND AUS NESSEL MASSGESCHNEIDERT. FRÜHER WAR ES IN HERRSCHAFTLICHEN HÄUSERN ÜBLICH, DIE WERTVOLLEN POLSTERMÖBEL MIT SOLCHEN BEZÜGEN VOR STAUB ZU SCHÜTZEN, WENN RÄUME ODER HÄUSER VORÜBERGEHEND NICHT BEWOHNT WURDEN.

ohne gleich das Budget zu sprengen. In Falten gelegt und mit Messingzwecken befestigt, läßt sich Calico auch als effektvolle Wandbespannung verwenden. Das ist dekorativ und viel preiswerter als etwa eine Vertäfelung. Gefällt Ihnen die Dekoration nicht mehr oder ist der Stoff verstaubt, nehmen Sie ihn einfach ab.

Küchenrollo aus Canvas

Canvas ist ein Naturmaterial, das sich ideal für Küchen eignet. Dieses Rollo nähen Sie in weniger als einer Stunde. Bedenken Sie, daß es von Hand aufgerollt wird, das Fenster muß also leicht erreichbar sein. Sie benötigen Stoff in der Größe Ihres Fensters zuzüglich 10 cm in der Breite und 12 cm in der Länge, außerdem zwei rote Köperbänder (s. Seite 119), doppelt so lang wie das Rollo, einen Besenstiel, den Sie auf die Breite des Rollos zusägen, sowie eine Leiste mit dem Querschnitt 5 x 2,5 cm in der Breite der Fensternische.

Bügeln Sie alle Kanten 1 cm, dann 5 cm breit um und steppen Sie sie fest. Die untere Kante des Rollos um den Besenstiel rollen, festkleben und mit kleinen Nägeln fixieren. Das obere Ende wird um die Holzleiste gelegt und mit Nägeln befestigt oder festgetackert.

Markieren Sie die Mitte der beiden Bänder und nageln Sie die Stelle an der Oberkante der Holzleiste fest. Die Abstände der Bänder zu den Enden der Leiste müssen gleich sein. Nun die Leiste mit 4 cm langen Metallwinkeln am Fensterrahmen festschrauben. Oder Sie durchbohren die Leiste samt Stoff und schrauben sie direkt an die Wand oder den Fensterrahmen. Zum Schluß das Rollo von Hand auf die gewünschte Länge aufrollen und die Bänder ganz zu schlichten Knoten oder dekorativen Schleifen binden.

GEBRAUCHSSTOFFE – PRAKTISCHE HINWEISE

• Gebrauchsstoffe bestehen in der Regel aus reiner Baumwolle und laufen beim Waschen ein, sofern sie nicht vorgewaschen gekauft werden. Soll das fertige Stück später gewaschen und nicht chemisch gereinigt werden, empfiehlt es sich, den Stoff vor der Verarbeitung zu waschen. Sie können das Einlaufen bei der ersten Wäsche auch mit berücksichtigen und die Vorhänge bewußt zu lang nähen.

• Canvas ist sehr formstabil, Calico verzieht sich leicht. Wenn die Webkante bei der Herstellung gedehnt wurde, ist sie oft wellig. Der Stoff muß dann zuerst gerade geschnitten werden, sonst wird ein Vorhang niemals glatt hängen.

Gegenüber: CANVAS UND GEFÄRBTE KÖPERBÄNDER ERGEBEN DIESES SCHLICHTE ROLLO – EINFACH ZU NÄHEN UND EINFACH ZU HANDHABEN.

Stuhlkissen aus

Material

- 75 cm gestreiften Köper (Pacific Stripe) je Kissen (einschließlich Paspel)
- 1,20 m naturfarbenes Köperband, 2,5 cm breit
- 375 g Polyestervlies
- Sprühkleber
- Paspelkordel

1 Zuerst eine Schablone aus Papier herstellen und dabei die Punkte markieren, an denen Rückenlehne und Sitzflächen zusammentreffen. Nach dieser Schablone werden nun je Kissen zwei Teile aus Stoff zugeschnitten; dabei rundum 1,5 cm Nahtzugabe berücksichtigen. Die Vlieseinlage wird ohne Zugaben nach der Schablone zugeschnitten. Aus dem restlichen Stoff noch so viele 5 cm breite Streifen zuschneiden, daß sie für eine umlaufende Paspel genügen.

2 Mit dem Sprühkleber wird das Vlies auf die linke Seite eines Stoffteils geklebt. Dann von der rechten Seite an den Streifenkonturen entlangsteppen, so daß ein wattierter Effekt entsteht.

3 Die Paspel vorbereiten und mit 1,5 cm Nahtzugabe rundherum an der Außenkante des wattierten Teils annähen (s. Seite 118).

4 Nun wird das Köperband in zwei gleiche Stücke geschnitten. Jedes Teil quer zur Hälfte zusammenlegen und an der Markierung für den Ansatz der Rückenlehne feststecken. Anschließend wird der Falz des Bandes sorgfältig mit mehreren Reihen von Steppstichen an der Nahtzugabe fixiert.

5 Legen Sie die beiden Kissenteile rechts auf rechts aufeinander und steppen Sie sie rundum zusammen. Zwischen den Bindebändern eine 15 cm breite Öffnung lassen, durch die das Kissen gewendet wird. Danach streichen Sie das Kissen glatt und schließen die Öffnung mit Handstichen. Zum Schluß das Kissen am Stuhl festbinden und die Bänder auf die gewünschte Länge kürzen.

3 & 4

5

SUCRE

Küchenvorhang

Hinweise zur Berechnung des Stoffbedarfs finden Sie auf Seite 120/121. Da die Oberkante dieses Vorhangs in Falten gelegt ist, muß der Stoff doppelt so breit sein wie die Vorhangstange. Berücksichtigen Sie bei der Stoffberechnung auch, daß an den Vorderkanten des Vorhangs ein breiter Streifen in kontrastierender Farbe angesetzt wird. In unserem Beispiel hatten wir eine 130 cm lange Stange, darum mußte jeder Schal ebenfalls 130 cm breit (inklusive Besatz) werden. Nach Abzug von 15 cm für die Einfassung bleibt also eine Stoffbreite von 115 cm, zuzüglich 5 cm Saumzugabe für die Außenkante und 2 cm Nahtzugabe, was eine Zuschnittbreite von 122 cm ergibt. Zur gewünschten fertigen Länge addieren Sie 20 cm für den unteren Saum und 5 cm für den oberen Einschlag. Die Länge der Einfassung entspricht der Vorhanglänge, die fertige Breite (hier 15 cm) verdoppeln Sie und addieren 4 cm Nahtzugabe.

Material

- schweren, naturfarbenen Canvas
- einfachen, kontrastfarbigen Baumwollstoff für die Einfassung
- Vorhang-Futterstoff
- 6 Bleigewichte
- Schneiderkreide
- Köperband, 2,5 cm breit
- Stoffarben (nach Wunsch, s. Seite 119)

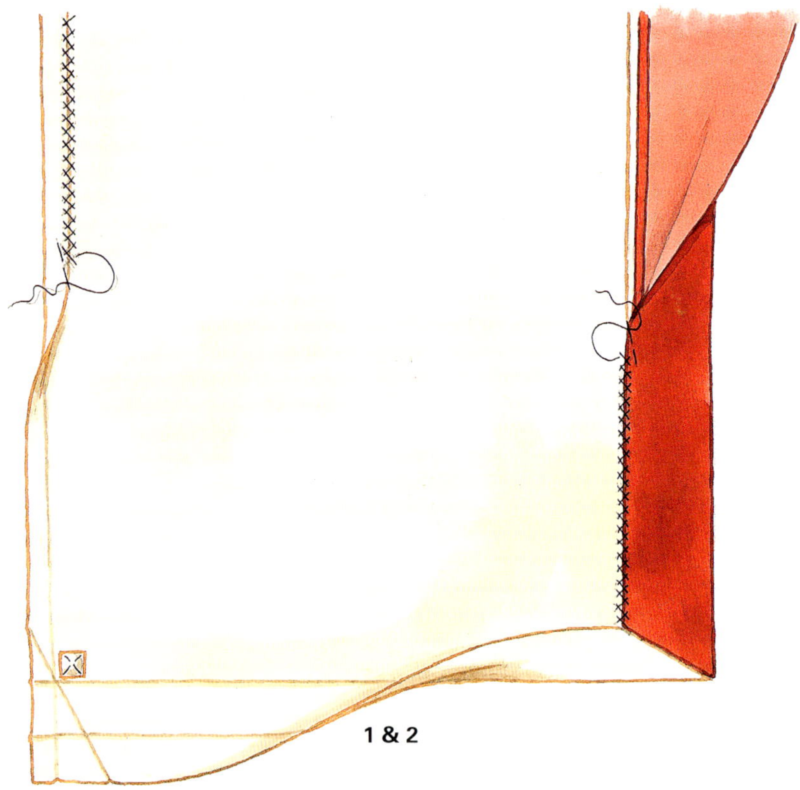

1 & 2

1 Stecken Sie die kontrastfarbene Einfassung rechts auf rechts an die Vorderkante des Vorhangs. Da der Baumwollstoff mehr nachgibt als der Canvas, müssen Sie darauf achten, den Streifen nicht zu dehnen. Die beiden Stofflagen nun mit 2 cm Nahtzugabe zusammensteppen und die Naht ausbügeln. Die zweite Außenkante des Vorhangstoffs wird dann 5 cm breit gesäumt, an der Unterkante wird ein 10 cm breiter doppelter Saum eingebügelt.

2 Die Einfassung bis zur Ansatznaht einschlagen. Die unteren Ecken des Vorhangs werden als schräge Ecken gearbeitet und mit stoffbezogenen Bleigewichten beschwert (s. Seite 122). Ein Gewicht befestigen Sie auch an der Ansatznaht der Einfassung. Falls Sie mehrere Stoffbahnen in der Breite verarbeiten, wird jede Naht am Saum ebenfalls mit einem Gewicht beschwert. Der untere Saum wird mit Überwendlingsstichen befestigt, die Innenkante der Einfassung der andere seitliche Saum mit Hexenstichen.

3 Nun wird an der Unterkante des Vorhangfutters ein 5 cm breiter doppelter Saum gesteppt. Das Futter mit der Rückseite auf die Rückseite des Vorhangs stecken. Die unversäuberte Kante des Oberstoffs schließt bündig mit dem Futter ab, die Saumkante des Oberstoffs soll 5 cm unter dem gesäumten Futter hervorschauen.

4 Jetzt das Futter so beschneiden, daß es die Ansatznaht der Blende um 4 cm überlappt. Die Schnittkante des Futters 2 cm nach innen einschlagen und von Hand mit feinen Überwendlingsstichen auf der Blende festnähen. Dabei auch ein kurzes Stück der Unterkante an den unteren Ecken mit festnähen.

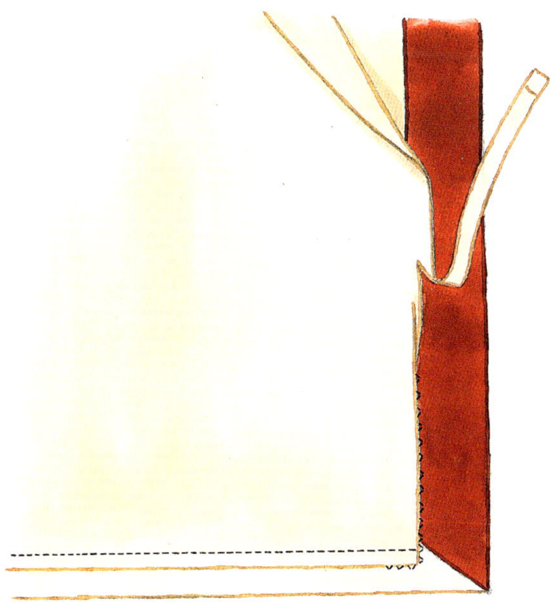

3 & 4

5 Von der Unterkante ausgehend wird die endgültige Länge des Vorhangs festgelegt und an der Oberkante mit einer Reihe von Stecknadeln markiert. Den überschüssigen Stoff entlang dieser Linie nach links umbügeln und auf 2 cm zurückschneiden. Die Stecknadeln entfernen. Dann die Schnittkanten der Stofflagen nach innen einschlagen und sorgfältig bügeln.

6 Anschließend wird die Anzahl der Aufhängebänder für den Vorhang bei einem Abstand von jeweils etwa 10 cm berechnet. Soll der fertige Vorhang 70 cm breit sein, teilen Sie diese Zahl durch 10. Sie benötigen also 7 Bänder. Um die genauen Abstände zwischen den Bändern zu ermitteln, teilen Sie in diesem Fall die Breite der Oberkante durch 6. Dann werden die Ansatzstellen der Bänder mit Schneiderkreide markiert.

7 Schneiden Sie von dem Köperband 130 cm lange Stücke ab, legen Sie diese quer zur Hälfte zusammen und stecken Sie sie an den markierten Punkten fest.

8 Um die Faltentiefe zu berechnen, ziehen Sie zunächst die Breite des fertigen Vorhangs (70 cm) von der Gesamtbreite des Schals (130 cm) ab. Teilen Sie das Ergebnis (60) durch die Anzahl der Falten (6). Die Zahl, die Sie erhalten (10), gibt die Tiefe der einzelnen Falten an. Legen Sie also nun zwischen je zwei Bindebändern eine 10 cm tiefe, symmetrische Falte ein und stecken Sie diese anschließend sorgfältig fest.

9 Zum Schluß steppen Sie die Oberkante des Vorhangs knappkantig ab. Dabei müssen alle Stofflagen, Bänder und Falten mitgefaßt werden. Ganz perfekt sieht die Naht aus, wenn Sie am Ansatz der seitlichen Einfassung die Farbe des Fadens wechseln.

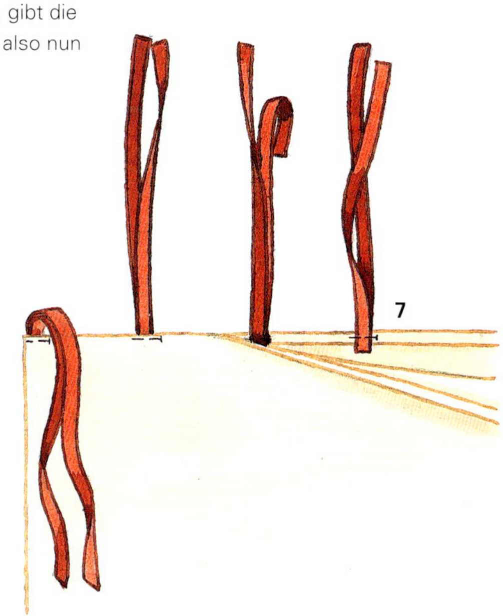

7

Leinen

Leinen

FLACHSFASERN WERDEN ÜBER DIE HECHEL, EINE ART NAGELBRETT, GEZOGEN. DABEI WERDEN STROHRESTE AUS DEM FLACHS ENTFERNT UND DIE FASERN GEGLÄTTET.

„Als ich kürzlich einen unserer Distributoren in Kopenhagen besuchte, spazierte ich durch die Altstadt und entdeckte im Fenster eines Antiquitätengeschäftes ein ganzes Sortiment wundervoller alter Matratzenbezüge. Ich stieg in den Kellerladen hinunter und fand dort, einfach auf dem Fußboden gestapelt, eine erstaunliche Vielfalt alter Bezüge aus Leinen. An einigen hingen noch Federn. Es war schwer, die schönsten Muster auszusuchen. Und ich brauchte lange, um mich zu entscheiden, welche ich neu produzieren wollte."

Als im Jahr 1922 das Grab des Tutanchamun geöffnet wurde, fand man darin Leinenvorhänge, die mehr als 3250 Jahre unversehrt überstanden hatten. Die Ägypter verwendeten Leinen auch für die Leichentücher, in die sie ihre Toten hüllten. Einige solcher Textilfunde sind über 4500 Jahre alt. Diese Zahlen belegen die nahezu unglaubliche Dauerhaftigkeit von Leinen. Zwar waren damals durchaus auch andere Textilfasern in Gebrauch, doch haben diese die Zeit nicht überdauert.

Leinen wird aus Flachs hergestellt. Das aufwendige, jahrhundertealte Verfahren, mit dem der Flachs zu gesponnenem Garn verarbeitet wird, ist sehr arbeitsintensiv und hat sich nie vollständig mechanisieren lassen. Als 1793 eine Maschine entwickelt wurde, mit der die Baumwollfasern von den Samen getrennt werden konnten, wurde die Baumwollproduktion industriell vorangetrieben. Gleichzeitig verlor Flachs als Textilrohstoff an Bedeutung. Wo aber auf die herausragenden Qualitätsmerkmale von Flachs Wert gelegt werden muß, da ist Leinen nach wie vor unersetzlich.

Flachs ist stabiler als Baumwolle. In nassem Zustand ist die Naturfaser sogar um 20 Prozent robuster als trocken. Das erklärt, warum Leinen früher für die Herstellung von Segeln und Zelten bevorzugt wurde. In Bereichen der Seefahrt wird noch heute Tauwerk aus Flachs verwendet. Ein anderes Merkmal ist die wärmeableitende Qualität von Flachs. Daran liegt es, daß sich leinene Bettücher so angenehm kühl anfühlen und daß Kleidung aus Leinen bei großer Hitze ideal zu tragen ist. Wenn man bedenkt, daß Leinen kühlt, gut aussieht, vollkommen natürlich ist und zahllose Wäschen übersteht, ist es leicht zu verstehen, warum das Naturmaterial immer wieder auf den Laufstegen der internationalen Modemacher auftaucht. Die Designer haben bei Leinen eigentlich nur zu befürchten, daß eines ihrer Modelle so lange halten könnte wie die Vorhänge aus Tutanchamuns Grab.

Leinen, das zusammen mit Baumwollfasern verwebt wird, ergibt ein Mischgewebe, das ursprünglich für die Polsterei entwickelt wurde. Dieses Material verfügt über die guten Eigenschaften von Leinen – Stabilität und Glanz – ist aber durch den Zusatz von 50 Prozent Baumwolle preiswerter und geschmeidiger als reines Leinen. Das Mischgewebe wird in verschiedenen Qualitäten angeboten, von leichtem Gardinenleinen bis hin zu schwerem strapazierfähigem Möbelbezugsstoff.

Die klaren Linien dieses Sofas werden dadurch unterstrichen, dass auf Paspeln und jegliche andere Verzierung verzichtet wurde. Der edle Glanz des Bezugs genügt völlig, um die Form zur Geltung zu bringen.

In Anlehnung an ein mehr als 100 Jahre altes Muster leinener Matratzenbezüge entwickelte Mankin die Leinen-Serie „Century Stripe". Die Garnmischung und die Art der Bindung waren relativ einfach zu kopieren. Um aber die Farben des Vorbilds möglichst naturgetreu zu reproduzieren, mußte ein Weg gefunden werden, den neuen Stoff quasi künstlich altern zu lassen. So wurde schließlich das Garn für die farbigen Streifen nach althergebrachter Methode in langen, losen Strängen gefärbt. Dabei verteilt sich die Farbe ungleichmäßig, und das Gewebe zeigt den charakteristischen, sanft-verwaschenen Effekt.

Leinen im Wohnbereich

Wegen seiner Stapazierfähigkeit wird Leinen gern als Bezugsstoff für Polster verwendet. Glatte, reine Leinenstoffe werden in vielen Farben und Stärken hergestellt und oft auch bedruckt. Einen Großteil dieser Stoffe verarbeiten die Hersteller hochwertiger Polstermöbel. Zum Unterfüttern von Polstern verwendet man häufig ein preiswerteres, aus kräftigem Rohgarn gewebtes Material, das sich auch für leichte Vorhänge eignet. Leinene Bettlaken werden in etwa 2,50 Meter Breite gewebt – ein Material, das sich aber auch für herrlich bauschige, ungefütterte Gardinen eignet. Selbst leichter Musselin wird aus Leinen hergestellt. Er ist dichter und deutlich stabiler als Baumwoll-Musselin.

Alle Leinen-Mischgewebe eignen sich hervorragend für Möbelbezüge. Ihr klassisches, zeitloses Aussehen harmoniert besonders gut mit antiken Möbeln. Umgekehrt mildern sie die oft kühle Ausstrahlung moderner Möbel und geben ihnen den Anschein, als wären sie schon immer da gewesen. Ein dickes, knopfgeheftetes Sitzpolster aus „Century Stripe" wirkt auf einem alten Windsor-Stuhl kein bißchen deplaziert. Als Bezug für ein antikes Sofa dreht dieser Stoff die Zeit zurück.

Leinen-Mischgewebe für Bettwäsche hat nicht dieselben Eigenschaften wie das traditionell für diesen Zweck verwendete reine Leinen. Mischgewebe eignet sich aber beispielsweise gut für eine üppige Tagesdecke. Die Stoffkanten werden einfach ausgefranst und fallen locker auf den Boden. Drapierungen oder Faltjalousien aus Leinen sind ein eleganter Fensterdekor. Auch hier können die Unterkanten nach Wunsch ausgefranst werden. Oder eine nette Abwechslung wäre einmal ein Stapel von Bodenkissen mit Leinenbezug, einige uni, andere gestreift.

Tischwäsche aus Leinen

Tischdecke, Sets und Servietten für eine edle Tischgestaltung wie auf den Seiten 48/49 abgebildet sind ganz einfach zu fertigen – Sie brauchen fast nicht zu nähen. Legen Sie die Größe der jeweiligen Teile einschließlich Fransenkante fest. Bei den Sets muß eine Zugabe von je 1,5 Zentimetern für den oberen und unteren Saum berücksichtigt werden. Die Teile werden exakt im Fadenlauf zugeschnitten. Ziehen Sie dazu über die ganze Stoffbreite einen Faden aus dem Gewebe und schneiden Sie auf dieser Linie. Dann nähen Sie mit sehr engen Zickzackstichen die Linie ab, an der die Fransenkante beginnen soll. Jetzt müssen nur noch von außen beginnend die Randfäden herausgezogen werden.

Leinen – Praktische Hinweise

• Leinen ist ein Naturmaterial, das erst nach mehrmaligem Waschen seine Schönheit entfaltet. Sein edler Glanz nimmt mit dem Alter zu. Allerdings läuft das Material etwa 10 Prozent ein. Es ist daher ratsam, den Stoff vor der Verarbeitung heiß zu waschen. Geben Sie Leinen nicht in den Wäschetrockner.
• Leinen knittert stark. Bügeln Sie den Stoff, wenn er noch etwa 50 Prozent Restfeuchtigkeit enthält. Anschließend zum Nachtrocknen glatt aufhängen.

Gegenüber: Die antike Klappliege präsentiert sich in einem neuen, stilvollen Gewand aus schwarz-weiss gestreiftem Leinen mit dekorativen Polsterknöpfen.

Nächste Doppelseite: Sitzbezüge, Faltjalousien und einfache Vorhänge aus gestreiftem Leinen (Century Stripe) schaffen in diesem Esszimmer eine stimmige, natürliche Atmosphäre.

Sitzbezüge

1

3

Material

• 50 cm gestreiften Leinenstoff für zwei Bezüge (Century Stripe)

• pro Bezug 1 m Köperband, 2,5 cm breit, bei Bedarf passend eingefärbt (s. Seite 119)

1 Fertigen Sie von der Sitzfläche Ihres Stuhles zunächst eine Papierschablone an. An allen vier Seiten geben Sie die Höhe hinzu, außerdem rundum 1,5 cm für die Säume. Den Stoff mit Hilfe der Papierschablone zuschneiden, an den Innenecken wird die Nahtzugabe eingeschnitten.

2 Zur Verstärkung der Ecken an den Ansätzen der Rückenlehne schneiden Sie zwei Quadrate von etwa 6 cm Kantenlänge zu. Die Quadrate werden dann diagonal gefaltet, die offenen Schnittkanten schlagen Sie nach innen ein.

3 An den hinteren Ecken des Bezugs wird nun die Nahtzugabe zuerst 5 mm, dann 1 cm breit umgeschlagen. Stecken Sie die Verstärkungsdreiecke so über die Innenecken, daß die Schnittkanten der Saumeinschläge verdeckt werden. Danach die Bindebänder je 1,5 cm von den äußeren Ecken entfernt unter die Nahtzugabe schieben und gut feststecken.

4 Jetzt steppen Sie den Saum knappkantig ab; dabei wird das Verstärkungsdreieck mitgefaßt. In der Ecke des Dreiecks im rechten Winkel wenden und weitersteppen. Zur Sicherheit auch die Diagonale des Dreiecks absteppen.

5 An den vorderen Sitzecken wird der Stoff rechts auf rechts zusammengesteckt und mit 1,5 cm Nahtzugabe zusammengenäht. Die Falte nun am oberen Ende der Naht aufschneiden, anschließend die Naht ausbügeln.

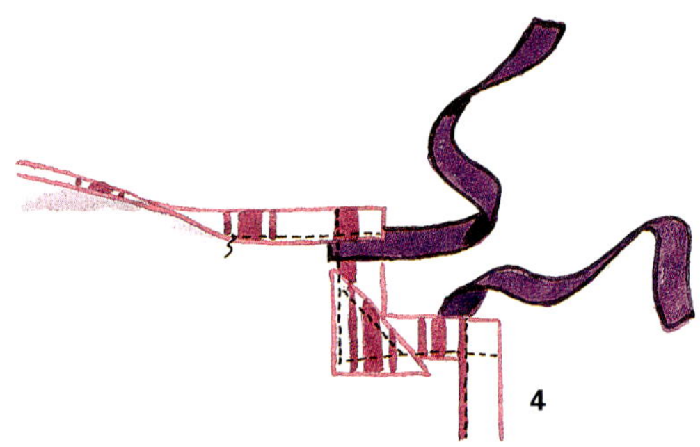

4

6 Zum Schluß die Außenkanten erst 5 mm, dann 1 cm breit umbügeln und knappkantig absteppen. Wo die Steppnaht die Bindebänder kreuzt, geben Sie diesen mit einigen Vor- und Rückstichen zusätzlichen Halt.

5

Faltjalousie

Material

- Leinen-Oberstoff (Century Stripe)
- Futterstoff
- 2,5 cm breite, flache Hartholzleiste für die Unterkante
- Klettband zum Aufnähen
- 9 mm-Holzdübelstäbe in der Breite der Jalousie, Anzahl entsprechend der Länge
- Messingringe (3 Stück pro Stab)
- Weichholz-Leiste, 5 cm breit, 2,5 cm dick
- Säge
- kräftigen Tacker
- 4 Ringschrauben
- 2 Metallwinkel (4 cm Schenkellänge)
- Jalousienschnur
- dekoratives Schnurgewicht
- kleine Messingklampe

Vorbereitung

- Beim Zuschnitt des Stoffes rundherum 5 cm für die Saumeinschläge zugeben.
- Das Futter exakt in der Größe der Jalousie zuschneiden, nur an der unteren Kante 5 cm Stoff für den Saum zugeben.
- Für die Stabdurchzüge 10 cm breite Streifen aus Futterstoff zuschneiden. Die Streifenlänge entspricht der fertigen Jalousiebreite. Zur Berechnung von Anzahl und Lage der Stäbe vergleichen Sie Schema und Erläuterung unten.

Die Abstände der Tunnel berechnen

- Entscheiden Sie zuerst, wie viele Falten die Jalousie haben soll. Subtrahieren Sie von der fertigen Länge der Jalousie 10 cm und teilen Sie das verbleibende Maß durch die doppelte Anzahl der Falten plus 1. So ermitteln Sie den Abstand von der Unterkante der Jalousie zum ersten Tunnel.
- Die weiteren Tunnel folgen jeweils in doppeltem Abstand.
- Der Abstand zwischen dem letzten Tunnel und der Stoff-Oberkante ist um 10 cm größer als die Abstände zwischen den einzelnen Stäben. Diese zusätzlichen 10 cm verhindern, daß sich die Zugösen an den Tunneln in der Aufhängung der Jalousie verfangen.
- Zeichnen Sie die Positionen der Tunnelzüge mit Bleistift und Lineal auf dem Futterstoff vor. Kontrollieren Sie, ob die Linien gerade und die Abstände identisch sind. Zwischen Tunnel-Markierungen und Seitenkante müssen rechte Winkel entstehen.

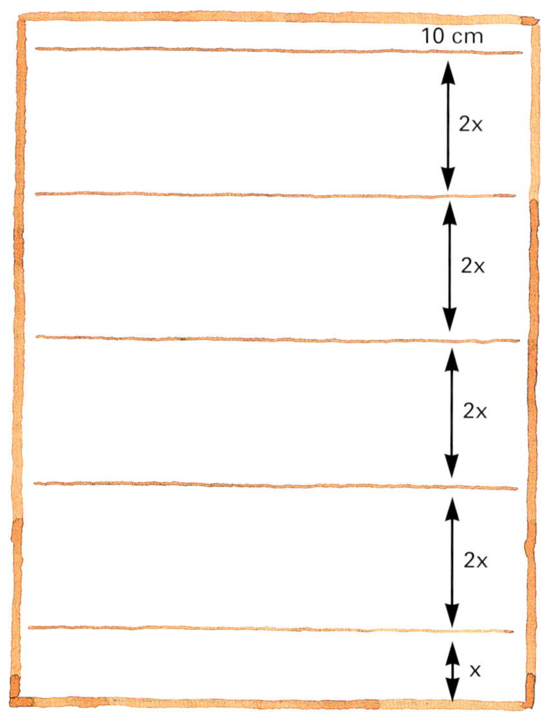

x = (fertige Länge – 10 cm) : (2 x Anzahl der Falten +1)

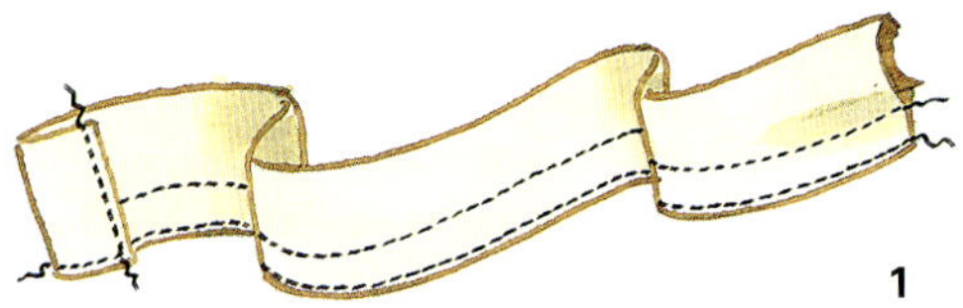

1

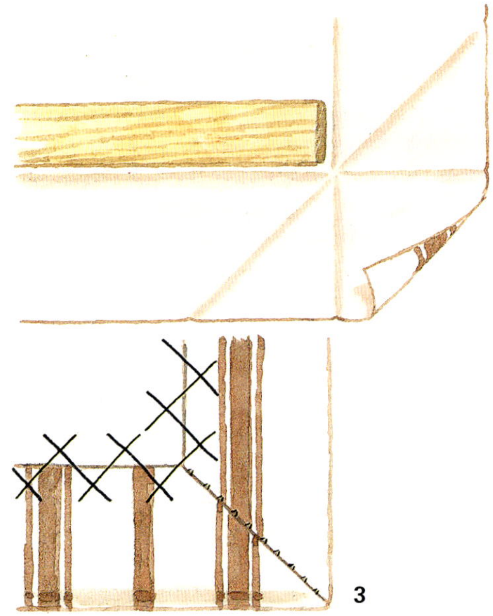

3

1 Für einen Tunnelzug schlagen Sie eine Schmalseite des Stoffstreifens 2 cm breit ein. Dann den Streifen der Länge nach mittig falten und bügeln. An beiden Längskanten einen doppelten, 1 cm breiten Saum umbügeln und knappkantig feststeppen. An der einen Schmalseite ebenfalls einen 1 cm breiten doppelten Saum einschlagen und steppen. Jetzt den Tunnel zusammenlegen und an der Längskante sowie der gesäumten Schmalseite knappkantig zusammensteppen.

2 Stecken Sie die vorbereiteten Tunnel mit der Bruchkante auf die jeweiligen Bleistiftlinien. An beiden Enden muß ein Abstand von 2 cm für den Saumeinschlag des Futters frei bleiben. Jetzt die Tunnel knapp unter der Faltkante aufsteppen. Anfang und Ende der Naht werden mit einigen Rückstichen gesichert.

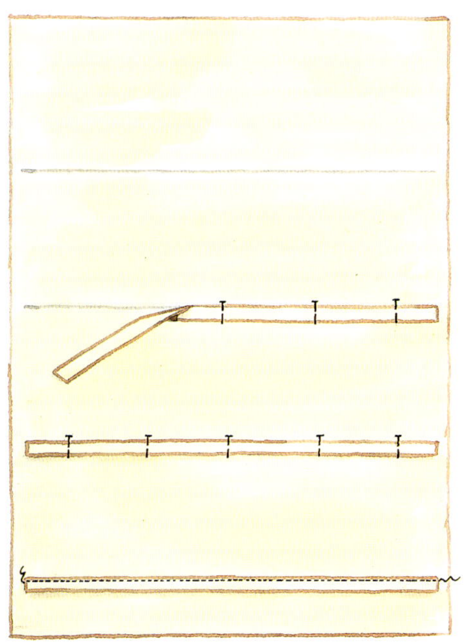

2

3 An Unter- und Seitenkanten des Oberstoffes einen 5 cm breiten Saum umbügeln, dabei die Ecken als schräge Ecken arbeiten (s. Seite 122). Sägen Sie die Hartholzleiste so zurecht, daß sie sich in den Saum an der Unterkante einlegen läßt. Dann alle Säume mit Hexenstichen fixieren. Das Futter links auf links bündig auf den Oberstoff legen. Die Außenkanten des Futters an Unter- und Seitenkanten 2 cm breit nach innen einschlagen und mit feinen Überwendlingsstichen aufnähen. Anschließend bügeln.

4 Heben Sie die Tunnelzüge an und ziehen Sie mit Steppstichen (s. Seite 117) – so nah wie möglich an der Naht – einen stabilen doppelten Faden quer über das Futter. Dabei alle 8 bis 10 cm einige Fäden des Oberstoffes mitfassen.

5 Jetzt von unten nach oben die Länge der Jalousie ausmessen und die Oberkante mit Stecknadeln markieren. 2 cm oberhalb den Markierungsnadeln überschüssigen Stoff wegschneiden. Dann beide Stofflagen an der Markierungslinie nach hinten umbügeln und die weiche Seite des Klettbands mit zwei Steppnähten vorsichtig aufnähen.

5

8 Tackern Sie die harte Seite des Klettbandes an die Stirnseite der Befestigungsleiste. Dann wird diese mit den Metallwinkeln an der Wand oder dem Fensterrahmen angebracht.

9 Knoten Sie anschließend an jedem der unteren Messingringe eine Zugschnur fest und fädeln Sie sie durch alle folgenden Ringe. Nachdem die Jalousie an der Leiste befestigt ist, führen Sie die Zugschnüre durch die Ringschrauben, so daß sie seitlich herabhängen.

10 Zum Schluß werden die Schnüre durch die Öse des Gewichtes gezogen. Bringen Sie sie alle auf gleiche Länge, verknoten Sie die Schnüre und schneiden Sie Überflüssiges ab. Jetzt noch die Klampe zum Aufwickeln der Schnur in geeigneter Höhe an der Wand befestigen.

6 Mit Bleistift werden nun auf den Tunneln die Positionen der Messingringe markiert: je einer 8 cm von den Außenkanten entfernt und einer in der Mitte. Die Ringe mit stabilem Garn festnähen. Denken Sie daran, daß diese regelmäßiger Beanspruchung ausgesetzt sind! Anschließend können Sie die Dübelstäbe in die Tunnel schieben.

7 Für die Befestigungsleiste sägen Sie aus dem gehobelten Weichholz ein Stück zu, das 1 cm kürzer ist als die fertige Jalousie in der Breite. Einen Rest des Oberstoffs sauber um die Leiste legen und festtackern. Drei Ringschrauben werden je 8 cm von den Außenkanten entfernt und in der Mitte ins Holz gedreht, die vierte schrauben Sie 2 cm von der Außenkante an den Teil der Leiste, an der die Zugschnüre hängen sollen (meist rechts).

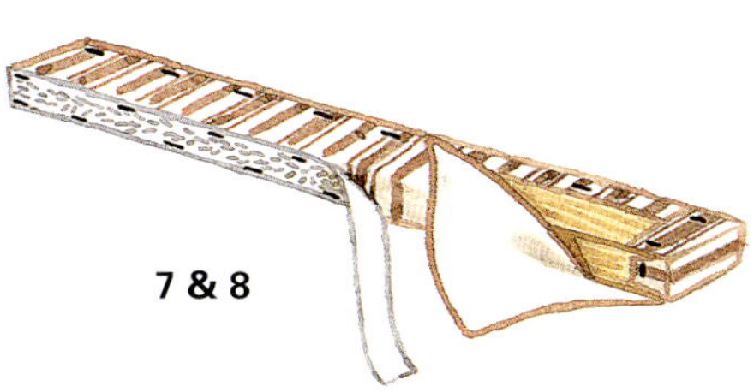

7 & 8

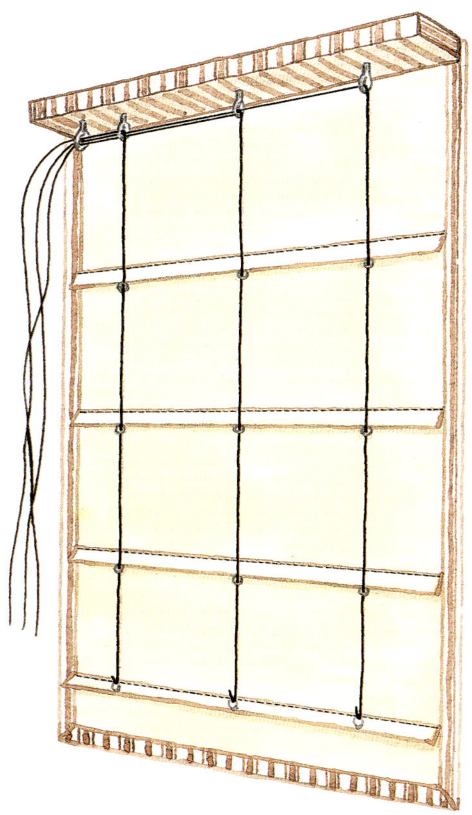

9

Drell

Drell

In der Vergangenheit führte der klassische Matratzendrell ein Leben im Verborgenen. Heute ist er ins Blickfeld gerückt und wird für Vorhänge, Polster- und lose Bezüge immer beliebter.

„Alle klassischen Stoffe, die ich reproduziert habe, sind mit bestimmten Erinnerungen verknüpft. Ich verbrachte eine kurze, aber sehr schöne Zeit in einem Internat. Dort mußten wir täglich unser Bett machen und die Laken sauber unter die Matratze schlagen, die mit schwarz-weiß gestreiftem Drell bezogen war. Bis heute besitze ich eine Matratze mit genau diesem Bezug."

Drell (Ticking) wird seit jeher als Bezug für Matratzen, Polster und Kissen verwendet. Häufig wird er auch als sogenannter „Matratzendrell" angeboten. Es handelt sich um ein schweres Baumwollmaterial, das traditionell in Köper- oder Fischgrätbindung gearbeitet wird. Klassisch sind Muster aus schwarz-weißen Streifen unterschiedlicher Breite, auch blau-weiße und rot-weiße Streifen sind bei herkömmlichem Drell häufig anzutreffen. Wegen seines Verwendungszwecks mußte der Stoff stabil und preiswert sein. In der Regel wurde er mit einfachem Kettfaden gewebt, der zur Stabilisierung und Versteifung in eine Lösung aus Wasser und Mehl oder Stärke getaucht wurde. Diese Prozedur machte das Gewebe weniger durchlässig für Federn. Der Stoff war zwar steif wie Pappe, aber solange er nur für Matratzenbezüge verarbeitet wurde, war das kein Nachteil.

Ian Mankins Name ist beinahe zu einem Synonym für Drell geworden. Schon in den Anfangszeiten seines ersten Geschäftes in Primrose Hill gab es ein großes Sortiment dieser traditionellen Stoffe. Allerdings waren die Verwendungsmöglichkeiten für das steife Material sehr beschränkt. Damals begann Mankin, darüber nachzudenken, diesen Stoff selbst herstellen zu lassen. Als er in einer Weberei im Norden Englands einen ungewöhnlichen Drell mit grau-weißen Streifen entdeckte, war die Idee für neue Farbkombinationen geboren.

Um einen strapazierfähigen, aber weniger steifen und dicken Stoff zu produzieren, wurde der neue Drell mit doppeltem Kettfaden gewebt. Zum Schluß wurde das Material gewaschen und mit Weichmachern behandelt. Das Ergebnis ist nun ein Stoff, der zwar exakt so aussieht wie der traditionelle Drell, sich aber ganz anders anfühlt und verarbeiten läßt. Er ist noch immer stabil genug für Polsterbezüge, eignet sich aber auch für Hussen und Vorhänge.

Die Farbpalette war anfangs eher konservativ, Salbeigrün und blasses Graublau wurden mit Naturweiß kombiniert. Im Laufe der Zeit wurde die Auswahl aber stetig erweitert und umfaßt inzwischen 17 Farbstellungen sowie unterschiedliche Streifen. Marineblaue Stoffe zählen zu den beliebtesten. Zu den jüngsten Drell-Stoffen gehört die edle Empire-Serie.

Ian Mankin hat einem traditionellen, alltäglichen Stoff zu einem neuen Leben als zeitgemäßes, reizvolles Dekorationselement verholfen. Vor allem durch den Drell ist der Name Mankin inzwischen zu einer festen Größe im Bereich der Inneneinrichtung geworden.

DIESER WINTERGARTEN KANN MIT GRÜN-WEISSEN DRELL-ROLLOS ABGEDUNKELT WERDEN.

Drell im Wohnbereich

Ganz im Sinne seiner eigentlichen Funktion eignet sich Drell bestens für Möbelbezüge. Die ursprüngliche Festigkeit, um Matratzen in Form zu halten, ist mit der straffen Köperbindung auch heute gewährleistet. Optisch ist Drell absolut zeitlos, darum eignet er sich gleichermaßen zum Beziehen moderner wie antiker Möbel. Das Material ist ideal, um eine Brücke zwischen Alt und Neu zu schlagen.

Beziehen Sie eine antike Chaise Longue mit Drell, und sie wird sich auch in ein streng modernes Interieur problemlos einfügen. Umgekehrt stellt ein mit Drell gepolsterter moderner Sessel viel leichter die Verbindung zu einer eher klassischen Einrichtung mit älteren Stücken her. Diese Zeitlosigkeit ist ein ideales Hilfsmittel, um unterschiedlichste Elemente in Einklang zu bringen.

Wegen seiner Festigkeit und Starpazierfähigkeit eignet sich Drell auch sehr gut für lose Bezüge und Hussen für Stühle. Optisch wirkt er angenehm vertraut und vermittelt ein Gefühl von Bequemlichkeit und Zwanglosigkeit, wodurch beispielsweise ein gemütliches Sofa noch viel einladender wird.

Auch ins Schlafzimmer paßt Drell gut. Denkbar ist beispielsweise ein Bettvolant, der von der Matratze bis zum Boden reicht. Dazu paßt ein dickes Kopfpolster mit Knopfheftung – selbst gemacht oder vom Polsterer. Drell ist zu steif, um daraus Bettwäsche zu schneidern. Sehr dekorativ wirkt aber eine gesteppte Tagesdecke. Dazu heften Sie eine Lage Drell auf dünnes Polyestervlies, dann steppen Sie mit der Maschine an den Konturen der Streifen entlang. Der Stoff für die Rückseite und Einfassung wirkt besonders schön, wenn Sie dafür eine kontrastierende Farbe in uni Stoff wählen. Wenn Sie einen weniger strengen Stil bevorzugen und an einer zeitaufwendigen Arbeit Freude haben, können Sie auch ein echtes Erbstück anfertigen: Die große Auswahl an Karos, Streifen und Unifarben, in denen Drell angeboten wird, eignet sich zum Beispiel auch hervorragend für eine Patchworkdecke. Perfekt wird das Schlafzimmer, wenn Sie Kissen mit Bezügen aus verschiedenen Drell-Stoffen auf dem Bett türmen.

Auch zur Fenstergestaltung, also für Rollos und Jalousien, eignet sich Drell wegen seiner festen Webstruktur. Ganz allgemein sind gerade Streifenmuster ideal für diese schlichten, geradlinigen Raumelemente. Für Rollos muß der Stoff versteift werden, entweder mit Stärke oder indem man ihn auf ein steifes Material aufbringt. Reizvoll ist die Kombination von Rollos in einfachen Streifen mit Vorhängen in einem lebhafteren Streifenmuster oder mit schlichten, getreiften Nessel- oder Jacquard-Schals.

Weil der moderne Drell ungestärkt in den Handel kommt, läßt er sich auch gut für weich fallende Vorhänge verarbeiten. In Räumen mit niedrigen Decken sorgen bodenlange, senkrecht gestreifte Vorhänge optisch für mehr Höhe. Sie können Drell-

EIN GROSSER DIWAN WURDE MIT SCHWARZ-WEISSEM DRELL BEZOGEN UND BILDET DEN MITTELPUNKT DIESES LICHTEN ZIMMERS. DIE KLARE, SCHLICHTE GEOMETRIE DER STREIFEN WIEDERHOLT SICH IN DEN LINIEN DER BETTGESTELLE UND FENSTERSPROSSEN.

Vorhänge füttern und mit handgearbeiteten Dreifachfalten für eine schwerere, gediegenere Wirkung sorgen; das Material kommt aber auch dem modernen Trend nach schlichten Vorhängen entgegen. Befestigen Sie die Vorhänge einfach mit Stoffschlaufen oder raffen Sie sie mit einer Schärpe zur Seite, die im unteren Drittel an der Vorderkante angenäht ist, so daß ein Futter aus anderem Drell zum Vorschein kommt.

Arbeitszimmer ganz in Drell

In diesem Büro (s. Seiten 62/63, 64 und 67) wurde mit ganz einfachen Mitteln der nüchternen Atmosphäre eines Arbeitszimmers der Garaus gemacht. Mit doppelseitigem Klebeband und hauchdünnem Polyestervlies läßt sich ein langweiliger Ordner oder ein alter Stehsammler so schön verwandeln, daß sogar das Ablegen von Papieren Spaß machen kann.

Für den Lampenschirm benötigen Sie zwei Drahtringe, am kleineren muß die Lampenfassung befestigt sein. Ideal ist ein alter Lampenschirm, von dem Sie die Bespannung entfernen; dann messen Sie den Umfang des größeren Rings aus. Schneiden Sie aus dünnem Karton ein Rechteck zu. Dessen Breite entspricht der Höhe des fertigen Lampenschirms, für die Länge addieren Sie zum Umfang 6 cm. Mit Textilkleber wird nun Drell auf die Pappe aufgezogen. Legen Sie den Karton über die gesamte Länge jeweils in Abständen von 2 cm zu Falten. Dann 2,5 cm von der Oberkante entfernt alle Falten lochen. Kleben Sie den Schirm zusammen, fädeln Sie eine Schnur durch die Löcher und ziehen Sie die Falten zusammen. An der Unterkante werden die Falten vorsichtig auseinandergezogen; dann befestigen Sie mit Sekundenkleber den größeren Ring im Schirm. Danach den kleineren einsetzen und ebenfalls mit Sekundenkleber fixieren. Verwenden Sie nur Glühlampen mit niedriger Wattzahl!

DRELL – PRAKTISCHE HINWEISE

- Drell wird in der Regel aus reiner Baumwolle hergestellt und kann trotz seiner festen Webstruktur beim Waschen leicht einlaufen. Es empfiehlt sich darum, auf alle Maße eine Zugabe von etwa 3 Prozent aufzuschlagen.
- Der strapazierfähige Stoff verträgt auch häufiges Waschen gut. Drell wird sogar mit den Jahren immer schöner. Waschen Sie den Stoff nur lauwarm und geben Sie ihn auf keinen Fall in den Wäschetrockner: Durch die Hitze läuft das Material stark ein.

Vorige Seite: KONTRASTE BELEBEN. BEI DIESEM FALTROLLO STEIGERN DIE GLEICHFARBIGEN STOFFBLENDEN IN UNTERSCHIEDLICHEN STREIFENMUSTERN DIE WIRKUNG.

Gegenüber: GEWÖHNLICHE STEHSAMMLER AUS KARTON SIND IN JEDEM BÜROHANDEL ZU FINDEN. MIT DOPPELSEITIGEM KLEBEBAND LASSEN SIE SICH SCHNELL MIT STOFF BEZIEHEN UND SCHAFFEN SO AUF DEKORATIVE WEISE ORDNUNG IM UNVERMEIDLICHEN SAMMELSURIUM VON PAPIEREN.

Raffrollo

Dieses Modell ist eine Alternative zu den strengen Faltrollos. Weil in den Futterstoff keine Tunnel für Stäbe eingesteppt sind, fällt das Rollo beim Hochziehen in weichen Wellen statt in akkuraten Falten und muß in Form gezupft werden. Deshalb sollten Sie solche Raffrollos nur an Fenstern befestigen, deren Rahmen sie mühelos erreichen können. Ideal sind Raffrollos auch für Fenster mit einer unvorteilhaften Aussicht, wo sie zur Hälfte herabgelassen werden können. Messen Sie zuerst das Fenster aus (s. Seite 120). Legen Sie dann die Breite der Einfassungen fest. Die einzelnen Falten sollten etwa 15 cm tief sein, die untere Einfassung muß breiter sein, damit sie auch dann sichtbar bleibt, wenn das Rollo hochgezogen ist. Eine Skizze auf Karopapier erleichtert das Festlegen der Proportionen. Kaufen Sie ausreichend Messingringe. Von der Oberkante der unteren Einfassung beginnend müssen die Ringe in Abständen von 30 cm an beiden Seitenkanten befestigt werden. Das letzte Ringpaar liegt 30 cm unterhalb der Rollo-Oberkante.

Material

- Hauptstoff (hier Empire 1)
- kontrastierender Stoff A (hier Ticking 1)
- kontrastierender Stoff B (hier Ticking 2)
- Futterstoff
- Klettband zum Aufnähen
- Messingringe, Ø 16 mm
- Dübelholz, Ø 9 mm, 6 cm kürzer als die Breite des Hauptstoffs
- Weichholzleiste, 5 cm breit, 2,5 cm dick, in der Breite des fertigen Rollos
- Säge
- 3 Ringschrauben
- 2 Metallwinkel, 4 cm Schenkellänge
- Rolloschnur
- dekoratives Schnurgewicht
- kleine Messingklampe

Vorbereitung

- Aus dem Hauptstoff ein Stück in der Länge der mittleren Stoffbahn zuzüglich 7,5 cm zuschneiden. In der Breite werden zusätzlich 3 cm zugegeben.
- Für die untere Blende (Stoff A) einen Streifen in der doppelten Höhe der fertigen Einfassung zuzüglich 3 cm zuschneiden. Die Länge entspricht der Breite des Hauptstoffs.
- Für die Seitenblenden (Stoff B) zwei Streifen quer zum Fadenlauf zuschneiden, so daß der Streifen waagerecht verläuft. Die Breite entspricht der doppelten Blendenbreite plus 3 cm, in der Länge werden 7,5 cm zugegeben.
- Ein Futterteil in den Maßen des Hauptstoffes zuschneiden. Hinzu kommt ein Streifen als Tunnel für das Dübelholz in derselben Breite zuzüglich 10 cm.

Karos und Streifen

Karos und Streifen

Wie ein kunterbuntes Spielbrett wirkt der Strand von Borkum mit seinen Zelten aus gestreiftem Markisenstoff.

„In Lancashire gibt es eine kleine Weberei, die mit ihren über 75 Jahre alten Webstühlen wie ein lebendiges Museum wirkt. Hier werden traditionelle Stoffe, zum Beispiel Hemdenpopeline und karierte Stoffe für Pferdedecken, hergestellt. Ich entdeckte dort einen Ballen cremefarbenen Baumwollflanell mit feinen, roten Streifen. Aus exakt diesem Material schnitten wir beim Militärdienst kleine Lappen zu, mit denen die Gewehrläufe gereinigt wurden. Ich überredete die Geschäftsleitung, diesen Stoff auch im Karomuster zu weben, und wir nannten die Serie „Rifle“.

Typisch für den Mankin-Stil sind Stoffe aus Naturfasern mit gewebten Mustern. Abgesehen von den üppig-floralen Webmustern der Jacquards beschränkt sich die Palette auf Unis, Streifen- und Karomuster. Trotzdem ist es überraschend, wie abwechslungsreich und vielfältig die Stoffauswahl ist und welche faszinierenden Kombinationsmöglichkeiten sich ergeben. Streifen sind schon im Kapitel über Drell (Seiten 56 bis 69) ausführlich behandelt worden, hier sollen nun die klassischen Karomuster näher betrachtet werden.

Gewebte Karostoffe aus reiner Baumwolle (Gingham) werden traditionell für Hemden und Sommerkleider englischer Schuluniformen verarbeitet. Der Name „Gingham" stammt von dem malaiischen Wort „gingan". Das symmetrische Karomuster wird mit jeweils gleicher Anzahl gefärbter und naturbelassener Fäden in Kette und Schuß gewebt. Durch Einweben doppelter Fäden an den Kanten der Karos werden die scharfen Konturen und ein erhabener Effekt erzielt. Gingham wird auch als „Vichy-Karo" bezeichnet.

Heute ist China einer der größten Lieferanten für Gingham. Ursprünglich war der Stoff nicht für Einrichtungszwecke gedacht, dennoch ist er dafür beliebt geworden. Ungefütterte Vorhänge in einer ländlichen Küche oder einem Kinderzimmer sowie Tischdecken oder Bettwäsche aus Gingham sehen frisch und gemütlich aus. Schräg zugeschnitten eignet sich der Stoff sehr gut für Einfassungen und Paspeln.

Madras-Karo ist ebenfalls ein Klassiker. Der Name leitet sich von der Stadt Madras an der Südostküste Indiens ab, wo eine hochentwickelte Textilindustrie eine große Vielfalt an Stoffen produzierte. Das Material ist zum Synonym für feine, vielfarbig karierte Baumwollstoffe geworden. In den sechziger Jahren war Madras-Karo für Hemden sehr beliebt, mit denen allerdings komplette Waschmaschinen-Füllungen verfärbt wurden, denn dieses Material färbt ab! Wie Gingham war der Stoff ursprünglich für Kleidung gedacht. Aber auch mit ungefütterten Vorhängen oder Bettwäsche bringt er Farbe und Leben in jeden Raum.

Die indische Gabe, interessante Farbkombinationen zu kreieren, mag dazu geführt haben, daß die Tradition der Madras-Karos auch bei schwereren Stoffen wie dem Masook Fuß faßte. Manche Muster erinnern an klassische schottische Stoffe, andere zeigen so ungewöhnliche und neue Farbstellungen, daß sie ideal in ein modernes Interieur passen. Mit Karos läßt sich zwischen unterschiedlichen Farben im Raum eine Brücke schlagen. Schon ein feiner Streifen in einem karierten Stoff kann ausreichen, um eine Verbindung zur Wandfarbe herzustellen. Wenn die übrigen Farben des Karos zum Sofa oder dem Vorhang passen, wird das Karo zum Bindeglied zwischen den Elementen im Raum.

Kombinieren Sie mit diesen Karomustern Drell, gestreiften Canvas und eine Auswahl der brillanten indischen Streifenmuster, so entsteht ein klares Bild des Mankin-Gestaltungskonzepts. Um all diese Elemente in einem Raum zu kombinieren, braucht man ein sicheres Farbgefühl und etwas Mut.

Karos und Streifen im Wohnbereich

Um ein neutrales Wohnzimmer zu beleben, genügen schon einige Kissen mit unterschiedlichen Karo- und Streifenbezügen auf einem einfarbigen Sofa. Oder fassen Sie einfarbige Kissenhüllen mit breiten Schrägstreifen

ROT-WEISSER GINGHAM MACHT DAS SCHLAFZIMMER IM SKANDINAVISCHEN STIL ERST RICHTIG GEMÜTLICH. DIE KISSENBEZÜGE AUS GRAUBEIGEM DRELL MIT ROTEN STREIFEN STELLEN EINE HARMONISCHE VERBINDUNG ZUR FARBE DER WÄNDE HER.

aus Karostoff ein und kombinieren Sie diese mit passenden Blenden und Raffhaltern an den Vorhängen. Interessant können auch karierte Kissenbezüge aussehen, die mit breiten Bindebändern aus gestreiftem Stoff geschlossen werden. Natürlich bieten sich die grenzenlosen Kombinationsmöglichkeiten von Karos und Streifen auch für Patchwork und Applikationen an.

Auch im Schlafzimmer finden sich viele Verwendungsmöglichkeiten für Karos und Streifen. Gesteppte Tagesdecken und Kissenhüllen wirken Wunder. Für eine Tagesdecke reicht eine Stoffbahn in der Breite nicht aus. Aber warum sollte man zwei Bahnen zusammennähen? Fassen Sie also ein kariertes Mittelteil mit einem extrabreiten Streifen aus gestreiftem Stoff ein und wiederholen Sie diese Kombination auf den Kissenhüllen. Einfacher ist es, eine vorhandene Tagesdecke oder die Bettwäsche mit einem karierten Schrägstreifen einzurahmen. Dazu passende karierte Vorhänge und ein Volant um das Bett – schon haben Sie mit wenig Näharbeit einen ganz neuen Look für Ihr Schlafzimmer geschaffen!

Mit Karos, Streifen und etwas Phantasie verleihen Sie jeder Küche Landhausatmosphäre. Regale und Abstellflächen unter der Arbeitsplatte können hinter einem ungefütterten Gingham-Vorhang verschwinden. Setzen Sie eine Blende aus stabilem Drell an der Oberkante an, befestigen Sie daran Messingringe und hängen Sie die Vorhänge an dünnen Messingstangen auf. Caféhausgardinen an Messingstangen und Sitzkissen aus Drell mit Gingham-Paspeln machen das Bild perfekt.

Die Sitzpolster, die karierten Vorhänge und die Kissen auf der Chaise Longue harmonieren gut miteinander und schaffen eine behagliche, einladende Atmosphäre im Esszimmer. Der rote Streifen im Vorhangstoff stellt farblich die Verbindung zwischen den Stoffen und dem rot gestrichenen Geschirrschrank her.

Stoffregal mit Applikationen

Canvasregale zum Aufhängen sind sehr preiswert und eigentlich als Ordnungshelfer für den Kleiderschrank gedacht. Mit ein paar einfachen Applikationen verziert brauchen sie kein Schattendasein mehr zu führen, sondern schaffen dekorativ Platz für Kinderspielzeug, Kleidung oder Bücher.

Zum Fixieren der Motive auf den Seitenteilen verwenden Sie Haftvlies zum Aufbügeln. Dieses Vlies ist als Meterware erhältlich und einseitig mit Wachspapier belegt, das nach dem Aufbügeln abgezogen wird. Die Motive werden auf der Papier-Seite des Haftvlieses vorgezeichnet und anschließend appliziert (s. Seite 82, Schritt 4). Details wie die Flügel der Vögel werden einzeln aus kontrastfarbigem Stoff aufgearbeitet.

Nachdem die Motive auf beiden Seitenteilen appliziert sind, brauchen Sie nur noch dekorative Bänder zum Aufhängen anzubringen und das Stoff-Regal mit Haken an der Decke zu befestigen. Nicht nur im Kinderzimmer ist dieses Regal praktisch. Für Handschuhe, Mützen und Schals macht es sich im Flur nützlich, in der Küche können Geschirrtücher, Tischdecken, Sets und Servietten darin verstaut werden.

Gegenüber: Ein gekauftes Stoffregal wird mit farbenfrohen Applikationen zum dekorativen und praktischen Schrankersatz.

Nächste Seite: Karos und Streifen harmonieren ganz selbstverständlich miteinander. Die leuchtenden, lebhaften Farben machen das Kinderzimmer fröhlich und laden zum Spielen ein.

Karos und Streifen – Praktische Hinweise

- Scheuen Sie sich nicht, auch große Möbelstücke wie etwa ein Sofa mit einem großkarierten Stoff zu beziehen. Nur beim Zusammensetzen der Teile müssen Sie sorgfältig arbeiten, damit die Karos zusammenpassen. Besonders bei handgewebten Karostoffen ist das nahezu unmöglich, darum eignen sich diese Stoffe am besten für Sitzkissen, die aus einem Stück zugeschnitten werden.
- Wegen ihrer Unregelmäßigkeit eignen sich handgewebte Karos nicht gut für Raff- oder Faltrollos. Beim Hochziehen sollen sich gleichmäßige Falten ergeben. Durch die Unregelmäßigkeiten im Muster sieht es leicht so aus, als wäre das Rollo schief. Günstiger ist es, diese Karos für Kanten und Blenden an Seiten- oder Unterkanten zu verwenden.
- Bei gekräuselten Gardinen fällt ein Versatz im Muster weniger auf. Wichtig ist, daß die horizontalen Linien gerade verlaufen und das Muster an der Oberkante des Vorhangs so akkurat wie möglich zusammengesetzt ist. Unregelmäßigkeiten in den Falten weiter unten fallen kaum ins Auge.

NEPAL

HIMAL
THE BFG
THE YOUNG GREEN CONSUMER GUIDE
OLD BEAR STORIES

Krabbeldecke

VORBEREITUNG

- Zeichnen Sie die Flächenaufteilung der Decke auf kariertem Papier vor. Wenn Sie unseren Vorschlag nacharbeiten möchten, schneiden Sie die folgenden Teile zu:

- Karostoff: 2 Teile, je 33 x 89 cm
- Drell (Ticking 2), rot: 1 Teil, 23 x 93 cm
- Drell (Ticking 2), blau: 1 Teil, 33 x 93 cm
- Drell (Ticking 1): 2 Teile, je 18 x 89 cm
- Gingham 6 mm: 1 Teil, 8 x 93 cm
- Gingham 3 mm: 1 Schrägstreifen von jeder Farbe, Abmessungen 2,50 m x 13 cm

Material

- je 50 cm Karostoff in Rot und Blau (Devon Check)
- je 30 cm Drell (Ticking 2) in Rot und Blau
- je 20 cm Drell (Ticking 1) in Rot und Blau
- je 10 cm Gingham (6-mm-Karos) in Blau
- je 1 m Gingham (3-mm-Karos) in Rot und Blau
- mittelstarkes Polyestervlies in der Größe der fertigen Decke
- Sprühkleber
- 1,50 m Streifenstoff, marineblau (Club Stripe)
- Reste von rotem und blauem Stoff
- Haftvlies zum Aufbügeln
- rote und blaue Knöpfe

1

1 Nähen Sie alle Teile entsprechend dem Schema auf Seite 80 zusammen. Die Breite der Nahtzugabe beträgt überall 1,5 cm. Die Nähte werden nach dem Steppen ausgebügelt. Die Schrägstreifen aus Gingham zusammennähen und rings um die Patchworkdecke rechts auf rechts aufsteppen. Dabei darf die Kante des Schrägstreifens nicht gedehnt werden. Die offene Schnittkante des Schrägstreifens wird erst 1,5 cm, dann 5 cm breit umgebügelt.

2 Nun wird das Polyestervlies in der Größe des Patchworks zugeschnitten. Dann das Patchwork mit der rechten Seite nach unten flach auslegen. Achten Sie darauf, daß der Stoff sorgfältig gebügelt ist und keine Falten bildet. Das Vlies auf das Patchwork legen. Zunächst eine Hälfte des Vlieses zurückschlagen, Kleber auf das Patchwork sprühen und das Vlies leicht andrücken. Die andere Hälfte des Vlieses genauso befestigen. Tragen Sie dabei einen Atemschutz und sorgen Sie dafür, daß der Raum gut durchlüftet ist.

3

3 Ein Stück Streifenstoff genau in der Größe der Wattierung zuschneiden und mit der rechten Seite nach oben auf die Wattierung legen. Anschließend den Gingham-Schrägstreifen umschlagen, so daß er die Kante des gestreiften Stoffs knapp überlappt. Von Hand festnähen.

4 Zeichnen Sie mit Hilfe der Vorlagen rechts und unten die Applikationsmotive auf die Papier-Seite des Haftvlieses. Die Motive großzügig ausschneiden und auf die linke Seite der Stoffreste aufbügeln. Dann exakt entlang der Konturen ausschneiden. Nun ziehen Sie das Wachspapier ab und arrangieren die Motive auf der Decke. Bügeln Sie sie mit einem feuchten Tuch bei mittlerer Temperatur auf. Achten Sie darauf, daß alle Teile der Motive fixiert sind. Befolgen Sie die Hinweise des Vliesherstellers genau, damit die Applikationen sicher halten.

5 Zum Schluß auf die Applikationen Knöpfe nähen und dabei alle Stofflagen mitfassen.

HIMAL

Vorhänge fürs Kinderzimmer

Diese einfachen Vorhänge werden fast vollständig mit der Maschine genäht. Anstelle eines einfarbigen Futters wird ein zweiter gemusterter Stoff verarbeitet. Wählen Sie hierfür ein Material, das nicht zu schnell ausbleicht. Der gewebte Drell, der für dieses Modell gewählt wurde, eignet sich gut. Hinweise zum Errechnen des Stoffbedarfs finden Sie auf den Seiten 120/121. Addieren Sie zur gewünschten fertigen Länge 30 cm für den oberen Volant und 10 cm für den Saum. Beim Aufhängen des Vorhangs wird das obere Stück nach vorn umgeschlagen. Raffen Sie die Vorderkanten (mit Hilfe eines Hakens am Fensterrahmen) zur Seite, so daß ein Teil des Futters etwas sichtbar wird und ein schöner Kontrast entsteht.

Material

- karierten Oberstoff (Devon Check)
- Drell-Futterstoff (Ticking 2)
- kleine Bleigewichte
- Gingham (3-mm-Karos) in Blau für die Einfassung
- Schneiderkreide
- Lineal
- Faltenband (8 cm Faltenabstand)

2, 3, 4 & 5

1 Schneiden Sie aus Gingham Schrägstreifen in 8 cm Breite zu, um beide Vorhänge einzufassen. Setzen Sie diese zu einem langen Schrägband zusammen (s. Seite 119). Den karierten Stoff in der erforderlichen Länge zuschneiden. In der Breite auf diejenige des Futterstoffs zuschneiden. Wenn Sie mehr als eine Stoffbahn in der Breite benötigen, nähen Sie die Bahnen rechts auf rechts zusammen und bügeln die Nähte aus.

2 Bügeln Sie an der Unterkante des karierten Stoffes vorsichtig einen 5 cm breiten doppelten Saum um. Mindestens 3 cm von den Außenkanten entfernt, wird je ein stoffbezogenes Bleigewicht (s. Seite 122) in den Saumeinschlag geheftet. Falls mehrere Bahnen verarbeitet wurden, werden auch die Ansatznähte am Saum mit Gewichten beschwert. Anschließend steppen Sie den Saum sorgfältig fest.

3 Jetzt wird an der Unterkante des Drells ein 4 cm breiter doppelter Saum umgebügelt und festgesteppt. Beide Stoffe links auf links glatt auslegen, so daß die Ober- und Seitenkanten bündig miteinander abschließen. Der Saum des Karostoffes soll 1 cm weit unter dem Futtersaum hervorschauen. Nun die Stofflagen sorgfältig zusammenheften.

4 Den Schrägstreifen der Länge nach zur Hälfte falten und bügeln, die linke Stoffseite liegt dabei innen. An der unteren Ecke einer Seitenkante beginnend wird der Streifen jetzt bündig an den karierten Oberstoff gesteckt. Lassen Sie den Streifen 2 cm weit über den Stoff hinausstehen, damit er später sauber eingeschlagen werden kann. Steppen Sie den Schrägstreifen mit 2 cm Nahtzugabe durch alle drei Stofflagen hindurch fest. Dabei darf der Streifen nicht gedehnt werden. Am Ende der Kante den Streifen mit 2 cm Überhang abschneiden.

5 Die Oberkante und die zweite Seitenkante des Vorhangs entsprechend arbeiten.

6 Von der karierten Vorderseite des Vorhangs aus wird der Schrägstreifen nun zur Außenkante hin umgebügelt. Dann den Vorhang umdrehen und den Schrägstreifen so über die Ansatznaht bügeln, daß alle Schnittkanten in der 2 cm breiten Einfassung eingeschlossen sind. Nähen Sie die offene Kante des Schrägstreifens von Hand mit Überwendlingsstichen fest. Auch die Überstände an den Ecken einschlagen und befestigen.

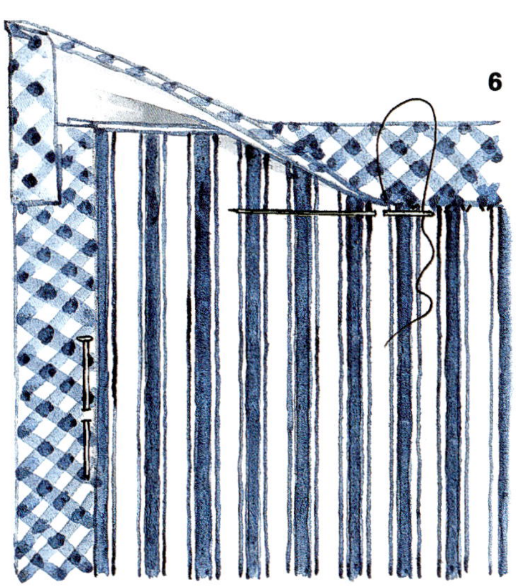

6

7 & 8

7 Ziehen Sie auf der Drell-Seite des Vorhangs mit Schneiderkreide und Lineal eine Linie im Abstand von 30 cm zur Oberkante. Daran richten Sie die Oberkante des Faltenbands aus und steppen es anschließend fest.

8 Aus einem Rest Schrägstreifen nähen Sie zwei etwa 5 cm lange Schlaufen zum Zurückbinden des Vorhangs. Die Enden sauber einschlagen und die Schlaufen etwa 20 cm oberhalb des Saumes auf der Futterseite an der Einfassung der Vorhangvorderkante festnähen.

Kopfteil-Bezug fürs Kinderbett

VORBEREITUNG

- Übertragen Sie die Umrisse des Kopfteils auf das Papier und schneiden Sie eine Schablone zu. Je nach Dicke des Kopfteils muß an Ober- und Seitenkanten eine Zugabe berücksichtigt werden. Bei unserem Modell besteht das Kopfteil aus Rattangeflecht, für das eine Zugabe von 2,5 cm erforderlich ist. Bei stärkerem Material muß die Zugabe vergrößert werden.
- An den Ober- und Seitenkanten geben Sie 1,5 cm für die Naht zu, die Saumzugabe an der Unterkante beträgt mindestens 5 cm.
- Unter Berücksichtigung aller Zugaben werden aus Masook zwei gleiche Teile zugeschnitten.
- Die 8 cm breiten Schrägstreifen zu einem langen Band zusammensetzen (s. Seite 118).

Material

- Papier
- Bleistift
- 2 m Masook
- Schneiderkreide
- Lineal
- 1 m kontrastfarbigen Gingham 1, in 8 cm breite Schrägstreifen geschnitten
- 1 m kontrastfarbigen Gingham 2, in 5 cm breite Schrägstreifen geschnitten
- Paspelkordel
- Sicherheitsnadel
- Stoffreste für die Applikation (Vorlage s. Seite 83)
- Haftvlies zum Aufbügeln

1

2 & 3

1 Zeichnen Sie auf dem Vorderteil mit Schneiderkreide 6,5 cm von der Außenkante entfernt eine Linie. Dann steppen Sie den breiteren Gingham-Schrägstreifen so auf, daß die Nahtzugabe von 1,5 cm die Linie nach rechts überlappt. Hat Ihr Kopfteil abgeschrägte oder geschwungene Konturen, unterbrechen Sie die Steppnaht an den Bruchstellen und sichern sie mit einigen Rückstichen. Schneiden Sie an den Ansatzstellen den Gingham-Streifen großzügig ab. Um den Stoff dann später sauber einschlagen zu können, muß genügend Material überstehen.

2 Die Ansätze der Nähte der einzelnen Gingham-Streifen müssen genau aneinanderstoßen. Die Einfassung dann zur Außenkante hin bügeln. Falten Sie dabei die Ansatzstellen zu akkuraten schrägen Ecken (s. Seite 122). Eventuell überstehenden Stoff abschneiden, die Diagonalen in den Ecken von Hand zunähen.

Roald Dahl

4, 5 & 6

7

3 Nähen Sie anschließend aus dem schmaleren Schrägstreifen eine kleine karierte Paspel, die um drei Seiten des Kopfteils herumreichen soll (s. Seiten 118/119). Mit dem Paspel- oder Reißverschlußfuß wird die Paspel dann vorsichtig an den Ober- und Seitenkanten des Vorderteils aufgesteppt. Die Nahtzugabe beträgt rundum 1,5 cm.

4 Damit sich der Kopfteil-Bezug später zum Waschen leicht abnehmen läßt, wird er an den Seiten nur mit kleinen Karo-Schleifen zugebunden. Legen Sie zu Beginn fest, bis zu welchem Punkt die Nähte zugesteppt werden sollen, zum Beispiel bis 10 cm unterhalb der oberen Ecke. Schneiden Sie an diesem Punkt die Nahtzugabe von Vorder- und Rückteil ein.

5 Jetzt wird die Position der Bänder festgelegt und auf Vorder- und Rückteil markiert. Aus dem restlichen schmalen Schrägstreifen nähen Sie acht Bänder von etwa 20 cm Länge. Dazu wird der Streifen längs zur Hälfte gefaltet und 1 cm neben der Falzkante abgesteppt. Mit einer Sicherheitsnadel wenden und ein Ende jedes Bandes fest verknoten.

6 Am rückwärtigen Teil von den Einschnitten an den Seiten abwärts einen 1 cm breiten doppelten Saum einschlagen. Die Bindebänder an den Markierungen unter den Einschlag schieben und die seitlichen Säume absteppen. Wo die Naht die Bänder kreuzt, zur Sicherheit einige Rückstiche steppen. Die andere Seite des Rückteils entsprechend arbeiten.

7 In der Länge der seitlichen Öffnungen werden nun zwei 8 cm breite Masook-Streifen zugeschnitten. An je einer Längsseite dieser Streifen einen 1 cm breiten doppelten Saum arbeiten. Den zweiten Satz Bindebänder an den Markierungen aufstecken, dann den Streifen rechts auf rechts bündig an den Einschnitten im Vorderteil auflegen. Mit dem Paspel- oder Reißverschlußfuß durch alle Lagen steppen und dabei die Ansatzstellen der Bänder mit Rückstichen verstärken.

8 Nähen Sie nun eine Tasche, die groß genug für ein Kinderbuch oder ein Spielzeug ist. Schneiden Sie den Stoff in der gewünschten Größe zu und verzieren Sie ihn mit einer Einfassung und einer Applikation (s. Seite 82, Schritt 2). Drei Seiten der Tasche werden 1 cm breit umgebügelt, dann wird die Tasche auf das Vorderteil gesteppt. Sie sollte in der oberen Hälfte des Bezugs angebracht werden, da der untere Teil hinter Matratze und Kissen verschwindet (s. Foto Seite 89).

9 Vorder- und Rückteil rechts auf rechts aufeinanderlegen, dann die Kanten von einem seitlichen Schlitz zum anderen mit dem Paspelfuß sorgfältig zusammensteppen.

10 An den Unterkanten beider Teile einen 2,5 cm breiten doppelten Saum umbügeln und feststeppen. Zum Schluß den fertigen Bezug wenden, über das Kopfteil des Bettes ziehen und mit Schleifen festbinden.

9

Jacquard

Jacquard

Ein Jacquard-Webstuhl, benannt nach seinem Erfinder Joseph Marie Jacquard.

„Vor einigen Jahren hielt ich einen kurzen Vortrag vor Raumausstattern in San Francisco, den ich mit den Worten begann: ‚Wenn ich ganz ehrlich bin, muß ich zugeben, daß ich sehr wenig von Textilien verstehe.' Jacquard ist ein gutes Beispiel. Bis heute habe ich die komplexe Funktionsweise eines Jacquard-Webstuhls nicht verstanden. Dennoch entwickeln wir gerade eine neue Musterkollektion. In der Kunst bevorzuge ich Zeichnungen aus ganz einfachen, reduzierten Linien. Diesen sehr graphischen Stil möchte ich auch in meine Stoffen einfließen lassen, kombiniert mit Motiven aus der Natur. Ich denke, es wird funktionieren."

Jacquard ist ursprünglich der Fachbegriff für einen automatischen Webstuhl, mit dem großflächige, kunstvolle Muster gewebt werden können. Das Muster entsteht mit Hilfe von Lochkarten, durch die Hunderte von Kettfäden gezielt angehoben oder abgesenkt werden.

Vor der Erfindung des Jacquard-Webstuhls wurden aufwendig gemusterte Stoffe wie Damast und Brokat an einem einfachen Webstuhl hergestellt. Bei dieser relativ primitiven Technik mußte ein Kind unter den Webstuhl kriechen und, während das Schiffchen hin und her flog, von Hand die Kettfäden, die das Muster bildeten, anheben oder herabziehen.

Joseph Marie Jacquard wurde 1752 als Sohn eines Webers im französischen Lyon geboren. Seine Kindheit verbrachte er mit der Arbeit unter dem Webstuhl. Nach dieser prägenden Erfahrung wandte er sich von der Weberei ab und machte eine Lehre als Buchbinder. Dabei lernte er neue Technologien und Maschinen kennen, die weitaus differenzierter waren als die Webstühle, denen er entflohen war. Er verwendete viele Jahre seines Lebens darauf, diese Technologien für die Webkunst nutzbar zu machen.

1801 stellte Joseph Marie Jacquard anläßlich der Weltausstellung in Paris seinen Webstuhl der Öffentlichkeit vor und gewann dafür einen Preis. Aber erst im Jahre 1804, nachdem einige technische Schwächen ausgemerzt waren, wurde der Webstuhl erstmals kommerziell eingesetzt. Um 1820 hatte der Jacquard-Webstuhl die europäischen Textilmetropolen erobert. Zwar dauerte es noch fast ein

Jahrhundert, bis die Kinderarbeit in den Webereien ein Ende fand, gewiß war diese Erfindung aber ein wichtiger Schritt auf dem Weg zu humaneren Arbeitsbedingungen.

DURCH EIN SCHLICHTES ROLLO FÄLLT SONNENLICHT IN DEN RAUM. DIE KANTE AUS DRELL BRINGT DAS BLUMENMUSTER DES JACQUARDS RICHTIG ZUR GELTUNG.

Mit Jacquard-Webstühlen wird Damast hergestellt. Der Name „Damast" erinnert an den Entstehungsort dieses Stoffes in der syrischen Hauptstadt Damaskus. Vor allem ist uns das Material für edle Tischwäsche vertraut. Strichrichtung und damit Glanz von Muster und Hintergrund verlaufen in entgegengesetzter Richtung. So tritt das Muster optisch deutlich hervor, obwohl Damast einfarbig gewebt wird. Die meisten Jacquard-Stoffe der Mankin-Kollektion sind Damaste.

Ursprünglich beschränkte sich Mankin auf einfarbige Stoffe, Streifen- und Karomuster. So ist es nicht verwunderlich, daß der erste Jacquard in der Mankin-Palette die Reproduktion eines Drell-Streifens darstellte. Neu war, daß Mankin den Stoff direkt vom Webstuhl kaufte, noch ehe die dunklen Spuren der Baumwollsamen entfernt waren und ehe der Damast gebleicht oder gefärbt war. Vergleichen Sie einen cremefarben eingefärbten Damast mit einem naturbelassenen Damast von Mankin. Obwohl die Farbtöne ähnlich scheinen, werden Sie sehen, daß der eingefärbte Stoff leblos und gleichförmig wirkt.

Nach diesen ersten Damaststreifen schien es ein großes Wagnis, ein üppig-florales Jacquard-Muster in der streng linearen Musterpalette Mankins zuzulassen. Trotzdem wurde „Thistle", wie Mankin diesen Stoff nannte, ein großer Erfolg. Das Muster ist traditionell, aber auch dieser Stoff wird völlig naturbelassen in den Handel gebracht. Bald folgten Muster wie „Springflower" und „Wildflower", eine Kollektion mit Obst- und Gemüsemotiven ist in Vorbereitung.

Jacquard im Wohnbereich

Reich gemusterter, glänzender Jacquard bietet sich für gefütterte Vorhänge geradezu an. Kräuseln Sie diese mit einem schmalen Gardinenband, das ein Stück unterhalb der Oberkante aufgesteppt wird. So fällt der Überstand in einer weichen Rüsche nach vorn. Versteifen Sie den Volant zusätzlich mit Bügelvlies oder Futterstoff und fixieren Sie die üppigen Falten mit unsichtbaren Handstichen. Solche Volants eignen sich allerdings nur für Vorhänge, die nicht auf- und zugezogen, sondern beispielsweise mit einem dekorativen Raffhalter seitlich befestigt werden.

Selbst eine gewöhnliche Wärmflasche wirkt nobel in einem Bezug aus edlem Streifendamast.

Für eine etwas förmlichere Gestaltung könnten Sie einen Jacquard-Vorhang mit einem breiten, versteiften Querbehang und verschiebbaren Schals kombinieren. Als Futter eignet sich ein kontrastfarbiger oder sogar karierter Stoff, der beim seitlichen Raffen der Schals sichtbar wird. Auch tiefe, gleichmäßige Kellerfalten können sehr reizvoll aussehen. Nähen Sie über die Stoßkante der Falten kleine, mit kariertem Stoff bezogene, Knöpfe.

Da Jacquard – oder genauer gesagt Damast – traditionell für Tischwäsche verwendet wird, paßt er natürlich gut ins Eßzimmer. Schaffen Sie eine elegante Atmosphäre mit üppig gerafften Vorhängen und einer bodenlangen Tischdecke mit Bogen- oder Rüschenkante. Da eine solche Tischdecke schwer zu reinigen ist, empfiehlt es sich, eine kleinere Decke mit glatt eingeschlagenem Saum darüberzulegen. Kerzenlicht ist die passende Beleuchtung für ein solches Ambiente.

Die üppigen Jacquard-Muster in neutralen Farben bilden einen großartigen Hintergrund für allerlei Verzierungen wie Kordeln, Quasten, Fransen und Borten. Die Auswahl ist enorm, sie reicht von historisch akkuraten Imitationen extravaganter Dekors bis hin zu schlichten, natürlichen Dekorationen aus Sisal und Leinen. Klassischer Vorhangdekor ist meist sehr teuer, weil er überwiegend in Handarbeit hergestellt wird. Aber schon ein Einzelstück kann als Blickfang genügen.

Verzieren Sie Ihre Vorhänge mit einer Fransen- oder Troddelborte. Ziehen Sie eine Kordel in weichen Bögen von Kellerfalte zu Kellerfalte, lassen Sie das Ende dekorativ herabhängen. Fassen Sie die Vorderkante eines gefütterten Jacquard-Vorhanges mit einer kontrastfarbigen Borte ein und arrangieren Sie dazu passende Samtkissen auf einem mit Jacquard bezogenen Sofa.

Wenn Sie im Nähen geübt sind, können Sie Jacquard auch wattieren und steppen. Dazu wird auf den Stoff eine dünne Schicht Polyestervlies aufgebracht, dann steppt man die Konturen der Muster nach. Gesteppter Jacquard eignet sich gut für einen einfachen Bezug am Kopfteil des Bettes. Auch für die Krone eines Himmelbetts, hinter der sich die Zugschienen für Vorhänge verbergen, bietet sich gesteppter Jacquard an. Probieren Sie vielleicht zuerst ein einzelnes Motiv für einen edlen Kissenbezug auf dem Bett oder dem Sofa zu wattieren.

Damit die großen, raffinierten Muster des Jacquards wirklich zur Geltung kommen, sollten Sie den Stoff möglichst einfach verarbeiten. Ungefütterte Rollos oder Faltjalousien sehen fantastisch aus, wenn Sonnenlicht hindurchfällt. Dann zeichnen sich die Motive wie ein Relief auf dem Stoff ab. Ähnlich wirken auch ungefütterte, kaum gekräuselte Vorhänge, etwa an einer schlichten Metallstange. Sie verhängen das Fenster nicht, sondern schirmen ab und lassen zugleich das Tageslicht durch das Gewebe schimmern.

Jacquard – Praktische Hinweise

- Jacquard wird aus reiner Baumwolle hergestellt und läuft darum in der Wäsche ein. Soll Ihr fertiges Modell später gewaschen werden, nähen Sie es vorsichtshalber etwas größer, oder waschen Sie den Stoff bereits vor der Verarbeitung.
- Wenn Sie für Vorhänge große Blumenmuster verwenden, müssen Sie bei der Berechnung des Stoffbedarfs unbedingt den Rapport mit einkalkulieren (s. Seite 121).

Nächste Seite: Jacquard und Drell lassen sich hervorragend kombinieren. Die gemütlichen Kissenberge auf dem großen Bett sind ein eindrucksvolles Beispiel dafür.

INTERIORS

Edle Kissenbezüge

Material

- 4 Schrägstreifen, je 4 x 25 cm
- 3 Teile gestreiften Drells, je 18 x 53 cm
- 1 Jacquard-Teil (Springflower), 123 x 53 cm

1 Bügeln Sie die Schrägstreifen an drei Seiten knappkantig um. Dann bügeln Sie die Streifen der Länge nach zur Hälfte – mit der linken Stoffseite nach innen – und steppen sie knappkantig zusammen.

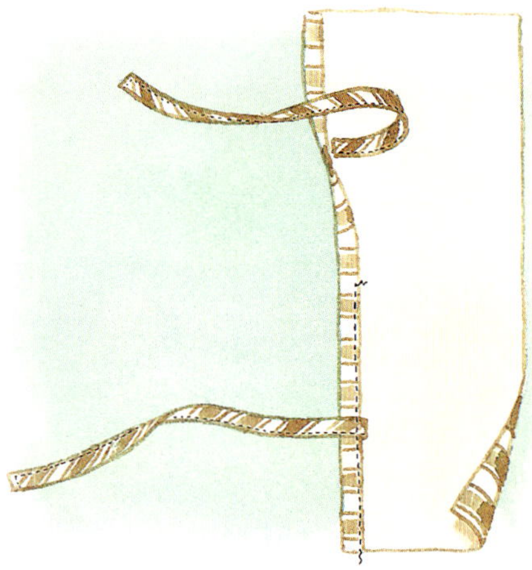

2

2 Schlagen Sie ein Drell-Teil an einer Längskante 5 mm breit um. Danach die Kante 1 cm breit umschlagen und je 14 cm von den Enden entfernt ein Bindeband unter den Saumeinschlag schieben. Steppen Sie den Saum knappkantig ab, dabei die Ansätze der Bänder mit Rückstichen sichern.

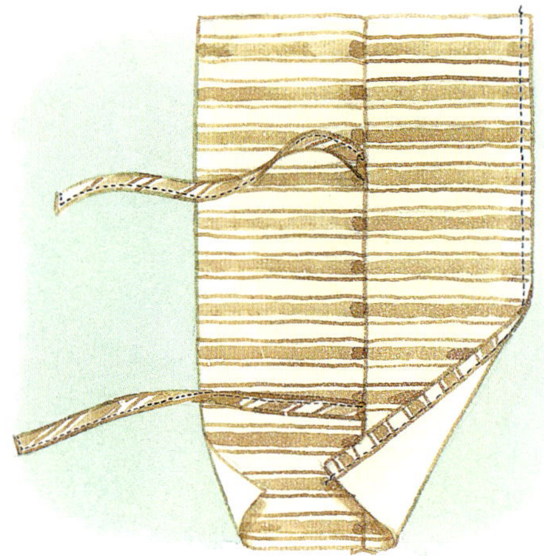

3

3 Die anderen beiden Drell-Teile rechts auf rechts aufeinanderlegen, die Bindebänder je 14 cm von den Enden entfernt an der Längskante zwischen die Stofflagen schieben und diese Kante mit 1,5 cm Nahtzugabe absteppen. Die Ansätze der Bänder wieder mit Rückstichen sichern. Die Naht wird ausgebügelt, dann eine Längskante zuerst 5 mm, danach 1 cm breit umbügeln und steppen.

4 Das einzelne Drell-Teil wird nun rechts auf rechts an einem Ende des Jacquards festgesteppt, das zusammengesetzte Teil an dem anderen. Alle Nähte gut ausbügeln.

5 Den gesamten Stoffstreifen mit der rechten Seite nach oben auf die Arbeitsfläche legen. Nun klappen Sie den Streifen so zusammen, daß die Ansatznähte von Drell und Jacquard aufeinander liegen. Das doppelte Drell-Teil über das einzelne schlagen und die versäuberte Kante bündig an der Naht ausrichten.

6 Beide Seiten mit 1,5 cm Nahtzugabe zusammensteppen und die Nahtenden mit Rückstichen sichern. Zum Schluß den Kissenbezug wenden und bügeln.

4, 5 & 6

Decke für den Frisiertisch

Wir entdeckten einen wunderschönen alten Schreibtisch aus Pinienholz mit nierenförmiger Platte und verwandelten ihn mit einer maßgeschneiderten Decke aus floral gemustertem Jacquard in einen reizenden Frisiertisch. Die sichtbaren Einlegeböden wurden mit Jacquard-Resten passend bezogen.

Material

- 1 m Jacquard (Springflower)
- 1 m Drell (Ticking 2)
- Paspelkordel
- doppelseitiges Klebeband

1 Bereiten Sie zuerst aus Zeitungspapier eine Schablone in Form der Tischplatte vor. Nach dieser Schablone den Jacquard zuschneiden, dabei rundherum 2 cm für die Nähte zugeben.

2 Aus dem Drell ausreichend 5 cm breiten Schrägstreifen zuschneiden, um damit die ganze Tischkante einzufassen. Eine Paspel vorbereiten (s. Seite 118) und mit 1,5 cm Nahtzugabe am Jacquard feststeppen.

3 Nun messen Sie den Umfang der Tischplatte aus und multiplizieren mit 1,5. Schneiden Sie Jacquard-Streifen in der so errechneten Länge und mit 13 cm Breite zu. Die einzelnen Stücke zu einem Ring zusammensteppen und die Nähte ausbügeln. Eine Längskante des Rings zuerst 5 mm, dann 1 cm breit umbügeln und anschließend von Hand säumen.

4 Die Rüsche rechts auf rechts an die Außenkante des Oberteils stecken, dabei die Gesamtlänge gleichmäßig verteilen. Die Rüsche wird mit dem Paspel- oder Reißverschlußfuß aufgesteppt, dabei schieben Sie die überschüssige Weite alle 5 cm zu einem kleinen Fältchen zusammen. Mit etwas Übung und Augenmaß gelingt das leicht. Die Nahtzugabe wird zur Rüsche hin gebügelt.

5 Mit doppelseitigem Klebeband wird die Decke auf dem Frisiertisch fixiert. Schneiden Sie aus Drell Teile in der Größe der Einlegeböden zu (plus 1 cm Zugabe ringsum). Dann werden die Fachböden einfach mit Drell bezogen. Das doppelseitige Klebeband fixiert auch hierbei den Stoff.

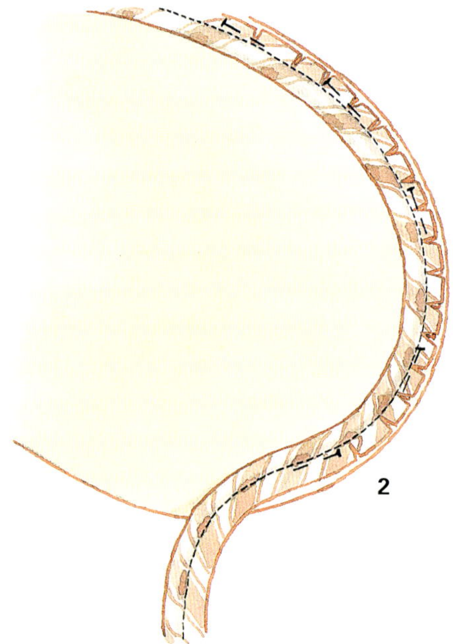

2

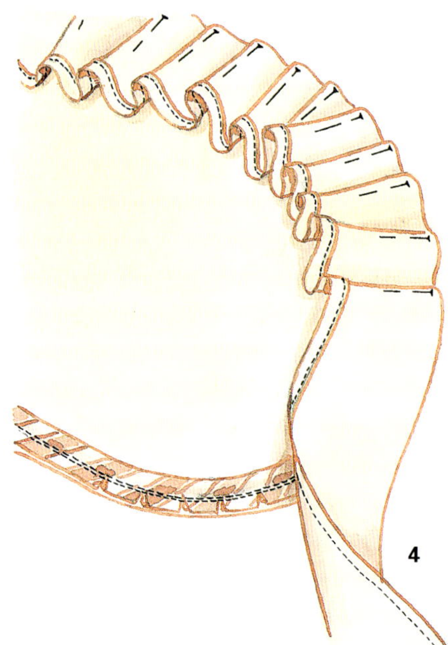

4

Musselin

Musselin

Musselin in einfachster, unveredelter Form ist ein Stoff mit ‚kulinarischer Bedeutung'. Hier tropft Quark, aus dem Frischkäse hergestellt werden soll, in Musselin-Säckchen ab.

„Als ich einmal mit meiner Frau und meinen Kindern im Zug nach Südfrankreich unterwegs war, kam ich mit einem Mitreisenden ins Gespräch. Es stellte sich heraus, daß er Textilhändler aus Manchester war. Fünfzig Jahre lang hatte sein Familienbetrieb Btesh Brothers einen hochwertigen, feinen Musselin aus ägyptischer Baumwolle ausschließlich in den Nahen Osten exportiert. Durch die Konkurrenz aus Fernost war dieser Handel jedoch eingeschlafen. Als ich einige Zeit später mein Geschäft eröffnete, nahm ich wieder Kontakt zu ihm auf. Er hatte mehr als 18000 Meter auf Lager, und schließlich verkauften wir den ganzen Bestand."

Manche sagen, das Wort Musselin stamme von „Mosul", einer Gegend im Irak. Andere wiederum leiten es von dem Hindi-Wort „mulmull" ab, das in Indien dreihundert Jahre lang als Bezeichnung für einen feinen, weichen Baumwollstoff verwendet wurde.

Mull, Gaze, Fahnentuch und Käseleinen sind nur vier Vertreter der großen Musselin-Familie. Noch heute hat das Material bei der Herstellung von Lebensmitteln wie Butter und Käse eine große Bedeutung. Auch zum Durchpassieren von Saucen und Klären von Bouillon verwendet man Mulltücher. In ungebleichtem Musselin findet man die schwarzen Pünktchen der Baumwollsamen, die durch Nachbehandlung und Bleichen entfernt werden. In einer Zeit, in der man sich zunehmend wieder nach dem Einfachen und Natürlichen sehnt, liegt gerade darin der besondere Reiz.

Ganz im Gegensatz dazu wurde in Dacca, das heute zu Bangladesch gehört, schon im 17. Jahrhundert ein außerordentlich feiner Stoff in reiner Handarbeit gewebt, der ausschließlich königlichen und priesterlichen Gewändern vorbehalten war. Dacca-Musselin war so fein, daß bei 66 Metern nur 450 Gramm Gewicht zustande kamen. Das ist weniger als ein Viertel einer leichten Musselin-Qualität heute.

Anläßlich der Weltausstellung im Jahre 1851 bestaunte das viktorianische England im Hyde Park unter anderem auch das Kunsthandwerk aus den jeweiligen britischen Kolonien. Dabei erregte von allen exotischen Stoffen, die der indische Subkontinent zu bieten hatte, der feine Dacca-Musselin das meiste Aufsehen. Fein wie ein Spinnennetz und bestickt mit zarten Blütenranken in etwas dickerem Garn, war es selbst damals kaum vorstellbar, daß ein solcher Stoff von Hand gefertigt war.

Auch heutzutage wird der zarteste, seidigste Musselin nicht etwa aus Seide hergestellt, sondern aus feinster ägyptischer Baumwolle. Diese Bezeichnung verweist schon lange nicht mehr nur auf das Herkunftsland, sondern steht auch für eine bestimmte Pflanzensorte, die weltweit eine der hochwertigsten Baumwollfasern liefert. Wie fein Baumwollgarn gesponnen werden kann, liegt nämlich hauptsächlich an der Länge und Elastizität der einzelnen Fasern. Neben der amerikanischen Sea-Island-Baumwolle hat die ägyptische Baumwolle die längsten und hochwertigsten Fasern der Welt. Das erklärt, warum Musselin aus diesem Garn so besonders leicht und zart ist und einen ungewöhnlich schönen Glanz hat, der sogar in der Webkante noch zu erkennen ist.

In der Vergangenheit wurde Musselin für Scheibengardinen benutzt, die zwischen Kassettenfenstern oder dicht an den Fensterscheiben gespannt wurden. Dann brachte das französische Empire um die Wende zum 19. Jahrhundert allerdings große Veränderungen im Einrichtungsstil mit sich. Plötzlich sah man allenthalben weich gebauschte Musselin-Arrangements über Messingstangen mit pfeilförmigen Spitzen. Musselin wurde mit Spitzen und Perlen besetzt und mit Samt und Satin kombiniert. In Deutschland ergänzten weniger pretentiöse Musselin-Vorhänge den schlichteren Stil des Biedermeier.

Leider sind diese hauchdünnen Gardinen durch die modernen synthetischen Gewebe in Verruf geraten. Nylon gilt zwar als pflegeleicht und arbeitssparend, trotzdem wirken gerade Nylonstores oft grau und unansehnlich und sind geradezu zu

MUSSELIN IST SO PREISWERT, DASS ER SICH SOGAR ALS ALTERNATIVE ZUM HERKÖMMLICHEN GESCHENKPAPIER EIGNET. AUCH DEN KÜBEL FÜR DEN WEIHNACHTSBAUM ZIERT EINE OPULENTE SCHLEIFE AUS MUSSELIN.

einem Synonym für vorstädtische Tristesse geworden. Es ist wenig verwunderlich, daß immer mehr Menschen den natürlichen Baumwollmusselin wiederentdecken, um die Geschäftigkeit der Straßen oder eine häßliche Aussicht auszusperren, um allzu grelles Sonnenlicht zu filtern oder um strenge Linien einer modernen Wohnung weicher wirken zu lassen.

Musselin im Wohnbereich

Musselin eignet sich hervorragend als Alternative zu den allgegenwärtigen Gardinen aus Nylontüll. Ziehen Sie das Material großzügig auf leichte Stangen auf und lassen Sie darüber eine breite Rüsche entstehen. Mit Hilfe von Tunnelzügen im oberen und unteren Saum nähen Sie Scheibengardinen, die praktisch für Kassettenfenster oder Terrassentüren sind. Für diesen Zweck muß der Musselin allerdings vorgewaschen sein, damit er nicht einläuft. Japanisch schlicht wirken Scheibengardinen, wenn Sie auf eine Kräuselung ganz verzichten. Montieren Sie solche Gardinen so im Fenster, daß nur das Glas verdeckt wird, der Rahmen aber sichtbar bleibt.

Auch Jalousien kann man aus Musselin anfertigen. Für Rollos eignet sich der Stoff nicht, weil er sich zu leicht verzieht. Faltjalousien, die durch horizontale Stäbe Festigkeit erhalten, sind jedoch sehr effektvoll. Die Tunnel für die Stäbe werden als Falten abgesteppt, eine Blende aus festerem Stoff versteckt die Zugschnüre und gibt zugleich mehr Halt und Stabilität. Für ein Fenster mit einer häßlichen Aussicht bietet sich eine Jalousie an, deren unterer Teil aus einem festen Stoff, der obere aber aus Musselin besteht. So kann Licht in den Raum fallen und die Aussicht geschickt kaschiert werden.

Dekorativ sind auch Vorhänge aus Musselin, die mit einer etwa 7,5 cm breiten Rüsche auf Holzstangen aufgezogen und mit einem Raffhalter seitlich gebündelt werden. Ein solches Arrangement eignet sich nicht zum Auf- und Zuziehen; sorgen Sie daher mit einem schlichten Rollo für die nötige Privatsphäre. Experimentieren Sie mit der Transparenz des Musselins, drapieren Sie einfarbigen Stoff über gestreiftem, ziehen Sie die obere Lage mit einer Kordel oder mit Messinghaken beiseite. Werfen Sie einfach eine lange Stoffbahn in weichen Schwüngen über eine Vorhangstange oder ein hohes Bettgestell.

Borten, Fransen oder Bänder haben einen dekorativen und zugleich praktischen Nutzen. Sie versäubern die Kanten und geben dem Stoff Gewicht. Auch kontrastfarbene Einfassungen können reizvoll sein, etwa an der Vorderkante oder als breite Saumblende. Eine weitere Möglichkeit besteht darin, die Kanten einfach auszufransen; das ist aber, vor allem bei längeren Stoffbahnen, ein sehr mühseliges Geschäft.

Gegenüber: GROSSZÜGIG DRAPIERTE MUSSELIN-BAHNEN ÜBER DER VORHANGSTANGE UND DEM DIWAN SCHAFFEN EINE MÄRCHENHAFTE STIMMUNG.

Denken Sie daran, daß Musselin wirklich preiswert ist. Sie können es sich leisten, großzügig damit umzugehen und Experimente zu wagen. Vergessen Sie einfach einmal Nadel und Faden und tackern oder binden Sie den Stoff einfach fest. Verhängen Sie eine Zimmerdecke, statt sie zu streichen. Bauen Sie ein romantisches Himmelbett oder dekorieren Sie einen festlichen Tisch verschwenderisch mit Musselin. Tauchen Sie Musselin-Streifen in eine Lösung aus Wasser und Mehl, binden Sie üppige Schleifen und trocknen Sie diese bei niedriger Hitze im Backofen. Mit Gold- oder Silberlack besprüht, ergeben sie eine prachtvolle Weihnachtsdekoration.

Wie alle Baumwollstoffe läßt sich Musselin sehr gut färben. Marineblau, Zinnoberrot, Kirschrot oder Orange wirken äußerst intensiv. Mit Stoffarbe, Textilstiften, Schablonen und Stempeln können Sie außerdem eigene Muster entwerfen. Goldene Sterne sehen auf grobem, ungebleichtem Käseleinen zauberhaft aus. Für ein kalligraphisches Muster in Weiß auf Weiß müssen Sie nicht einmal zeichnen können.

MUSSELIN – PRAKTISCHE TIPS

• Baumwollmusselin läuft stark ein, Sie sollten etwa 10 Prozent Zugabe einplanen. Im Grunde ist es notwendig, den Stoff vor der Verarbeitung zu waschen – was aber sehr viel Arbeit macht (besonders das Bügeln danach). Außerdem verliert das Material dadurch seinen Charakter. Wenn irgend möglich, lassen Sie den Stoff also mit 10 Prozent Überlänge hängen und warten, bis die erste Wäsche unbedingt nötig ist.

• Gehen Sie mit Musselin wirklich großzügig um. Je feiner und seidiger, um so mehr schiebt sich der Stoff von allein zu winzigen Fältchen zusammen. Das mag optisch sehr reizvoll sein, kann aber dazu führen, daß die vorgesehene Fläche nicht ganz abgedeckt wird. Dreifache oder vierfache Breite ist daher immer empfehlenswert.

• Wenn Sie für Vorhänge mehrere Stoffbahnen in der Breite benötigen, sollten Sie die Bahnen nicht zusammennähen. Es ist fast unmöglich, den Stoff ohne Beulen und Wellen zu nähen. Lassen Sie die Bahnen einfach einzeln hängen. Schneiden Sie sie auf exakt gleiche Länge zu und säumen Sie die einzelnen Bahnen. Wenn Sie Kräuselband verwenden, ist es praktisch, es fortlaufend über alle Bahnen zu steppen. Lassen Sie den Stoff am Ansatz einer neuen Bahn einige Zentimeter weit überlappen.

• Sprühen Sie Musselin nach der Wäsche mit Stärke ein – dann läßt er sich wesentlich leichter bügeln.

Gegenüber: In diesem Badezimmer sorgen eine Faltjalousie (Anleitung s. Seiten 114 bis 116) und ein üppiger Duschvorhang aus Musselin für eine freundliche Atmosphäre

Wäschebeutel

Material

- 2 Teile feinen Musselins (Net), je 63 x 88 cm
- 1 Teil Karostoff (Elliot Plaid), 123 x 81,5 cm
- 2 m Kordel
- Knopf
- Sicherheitsnadel

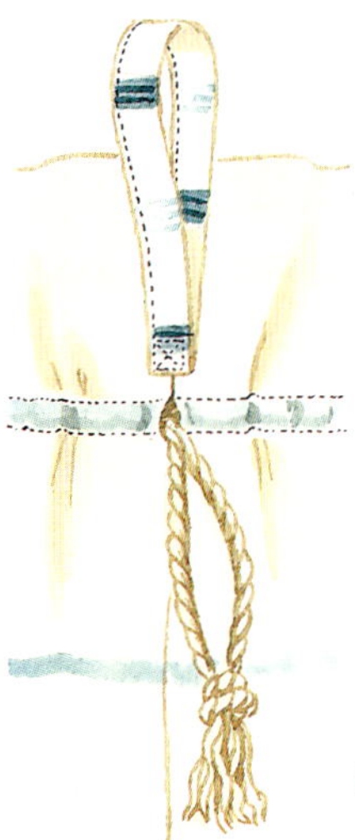

6

1 Legen Sie die beiden Musselin-Teile aufeinander und steppen Sie die Seitennähte mit 1,5 cm Nahtzugabe. 12,5 cm unterhalb der oberen Kante in beiden Seitennähten eine 2,5 cm lange Öffnung lassen; auch die unteren 6 cm der Seitennähte bleiben offen. Die Unterkante wird noch nicht geschlossen. Die Nähte ausbügeln und den Schlauch wenden.

2 Legen Sie den Karostoff rechts auf rechts der Länge nach zusammen. Dann die Seiten mit 1,5 cm Nahtzugabe zusteppen, so daß ein Beutel entsteht. Alle Nähte gut ausbügeln.

3 Den Musselinschlauch in den Beutel aus Karostoff schieben und die Oberkanten bündig aufeinander feststecken. Dann werden diese Oberkanten mit 1,5 cm Zugabe zusammengesteppt.

4 Ziehen Sie nun den Musselin aus dem Beutel heraus und schlagen Sie ihn zur Außenseite des Beutels um. Ganz herunterziehen und die Unterkanten zusammenstecken. Steppen Sie die Unterkante 6 cm neben der Schnittkante zu. Bis zur Stepplinie den überstehenden Stoff ausfransen.

5 Für den Tunneldurchzug je eine gerade Stepplinie oberhalb und unterhalb der Öffnung über den Beutel nähen. Die Kordel in zwei Stücke schneiden und einen Teil mit einer Sicherheitsnadel ringsum durch den Tunnel ziehen. Die Sicherheitsnadel entfernen, die Enden verknoten und die überstehenden Kordelenden ausfransen. Die zweite Kordel von der anderen Seitennaht aus entsprechend einziehen.

6 Schneiden Sie einen 7 x 31 cm großen Streifen Karostoff zu. Beide Längskanten 1 cm breit umbügeln, den Streifen der Länge nach zur Hälfte zusammenlegen und an der Kante zusteppen. Legen Sie eine Schlaufe und schlagen Sie die unversäuberten Enden nach innen ein. Nun die Schlaufe dicht über einer Durchzug-Öffnung quadratisch und mit einem Mittelkreuz aufsteppen.

5

7 Für die Tasche ein Stück Karostoff (30 x 18 cm) zuschneiden. An der Oberkante einen 2,5 cm breiten Doppelsaum einschlagen und absteppen. Die übrigen drei Seiten 1 cm breit einschlagen. Die Tasche auf dem Beutel ausrichten und knappkantig aufsteppen. Zum Schluß ein Knopfloch in die Tasche machen und den Knopf annähen.

7

Jalousie fürs Badezimmer

Die Jalousie aus zartem Streifenmusselin ist rundherum mit gestreiftem Drell eingefasst (s. Seite 113). Weil der Stoff ungefüttert ist, werden nach dem Einfassen die Tunnels zum Durchschieben der Stäbe wie Falten in den Stoff gesteppt. Messen Sie zuerst das Fenster aus (s. Seite 120–121). Dann entscheiden Sie, wie breit die Einfassungen werden sollen und wie viele Tunnelzüge erforderlich sind. Hier haben die Tunnel einen Abstand von 20 cm, nur der unterste läßt die untere Einfassung hervorschauen.

Material

- Streifenmusselin und Drell (Ticking 2)
- Klettband zum Aufnähen
- Messingringe (2 Stück pro Stab)
- Dübelstäbe, Ø 9 mm (in der Anzahl der Tunnels)
- Weichholzleiste, 5 cm breit, 2,5 cm dick
- Säge
- Tacker
- 3 Ringschrauben
- 2 Winkeleisen, 4 cm Schenkellänge
- Rolloschnur
- kleine Messingklampe
- dekoratives Schnurgewicht

VORBEREITUNG

- Schneiden Sie das Mittelstück der Jalousie aus Streifenmusselin zu. In der Breite 3 cm Nahtzugabe berechnen, in der Länge 5 cm für jeden Tunnel sowie 3 cm Nahtzugabe addieren.
- Der Drell für die Blende an der Unterkante wird in doppelter Höhe zuzüglich 3 cm Nahtzugabe zugeschnitten, die Breite entspricht dem Mittelstück.
- Der Drell für die Blende an der Oberkante wird in doppelter Höhe zuzüglich 3 cm Nahtzugabe zugeschnitten, die Breite entspricht dem Mittelstück.
- Die Länge der seitlichen Drell-Blenden entspricht der Gesamtlänge der Jalousie (vor dem Einlegen der Tunnels) plus 6,5 cm. Eventuell müssen Sie zwei Stücke zusammensetzen. Die gewünschte Breite verdoppeln und 3 cm addieren.

1 Schneiden Sie alle Musselin- und Drell-Teile zu. Wenn Stücke zusammengesetzt werden müssen, tun Sie dies jetzt. Bügeln Sie alle Blendenteile längs zur Hälfte, die linken Stoffseiten liegen jeweils innen.

2 Die untere Blende rechts auf rechts an das Musselin-Mittelteil steppen und die Nahtzugaben nach unten bügeln. Die zweite Längskante des Drells 1,5 cm breit umbügeln, nach hinten umklappen und die Kante von Hand gegen die Ansatznaht nähen.

3 Zum Ansetzen der oberen Blende einfach Schritt 2 wiederholen.

4 Setzen Sie nun auch die seitlichen Blenden wie in Schritt 2 beschrieben an. Dabei werden die Enden der oberen und unteren Blenden abgedeckt, so daß ein Rechteck entsteht. Die Zugaben an den Ecken sauber einschlagen und anschließend von Hand zunähen.

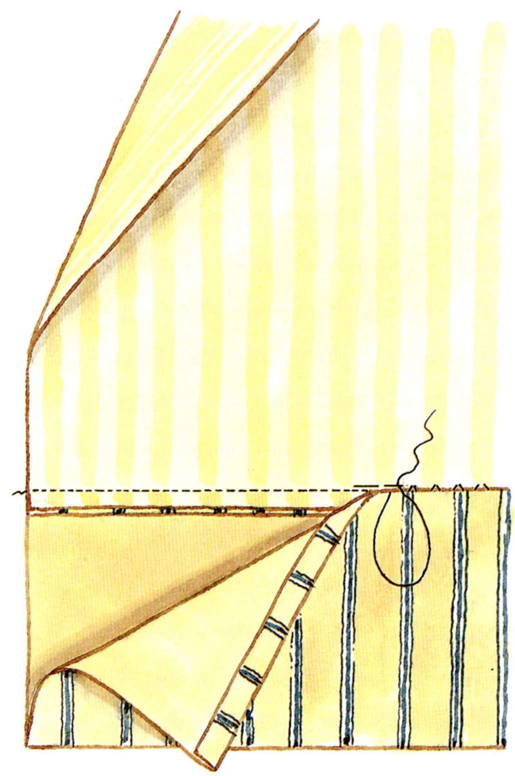

2

5 Jetzt die Jalousie mit der linken Seite nach oben flach auslegen und die Position der Tunnels markieren. Subtrahieren Sie von der fertigen Länge der Jalousie 10 cm plus die Höhe der unteren Blende. Das Ergebnis teilen Sie durch die doppelte Anzahl der Tunnels plus 1. So ermitteln Sie den Abstand (x) von der Oberkante der unteren Blende zum ersten Tunnel.

6 Zeichnen Sie diese Linie ganz leicht mit Bleistift auf dem Stoff ein. Eine zweite parallele Linie wird 5 cm höher gezogen. Verdoppeln Sie das Maß x (von Schritt 5) und ziehen Sie in entsprechender Entfernung wieder zwei Linien mit 5 cm Abstand. Fahren Sie genauso fort, bis alle Tunnels markiert sind.

7 Legen Sie das Rollo rechts auf rechts auf der Mitte des untersten Linienpaars zusammen. Nun steppen Sie auf der Bleistiftlinie entlang und sichern dabei die Nahtenden mit Rückstichen. Sie erhalten einen 2,5 cm breiten Tunnel. Die weiteren Tunnels entsprechend steppen. Sie müssen sehr akkurat arbeiten, damit das fertige Rollo die richtige Länge hat und sich auch ganz gerade hochziehen läßt.

8 Befestigen Sie jetzt das Klettband (s. Seite 54, Schritt 5) und nähen Sie dann die Messingringe rechts und links knapp innerhalb der Einfassung an die Tunnels.

9 Die Dübelstäbe so absägen, daß sie 3 cm kürzer als die Tunnels sind, und einschieben. Dann die Tunnelenden mit einigen Heftstichen schließen. Vor dem Waschen lassen sich die Stäbe später leicht wieder herausnehmen.

10 Die Befestigungsleiste in der Fensternische anbringen (s. Seite 55, Schritt 7 und 8). Die Ringschraube in der Mitte entfällt.

11 Zum Schluß die Kordel einziehen und das Rollo aufhängen (wie auf Seite 55, Schritt 9 und 10 beschrieben).

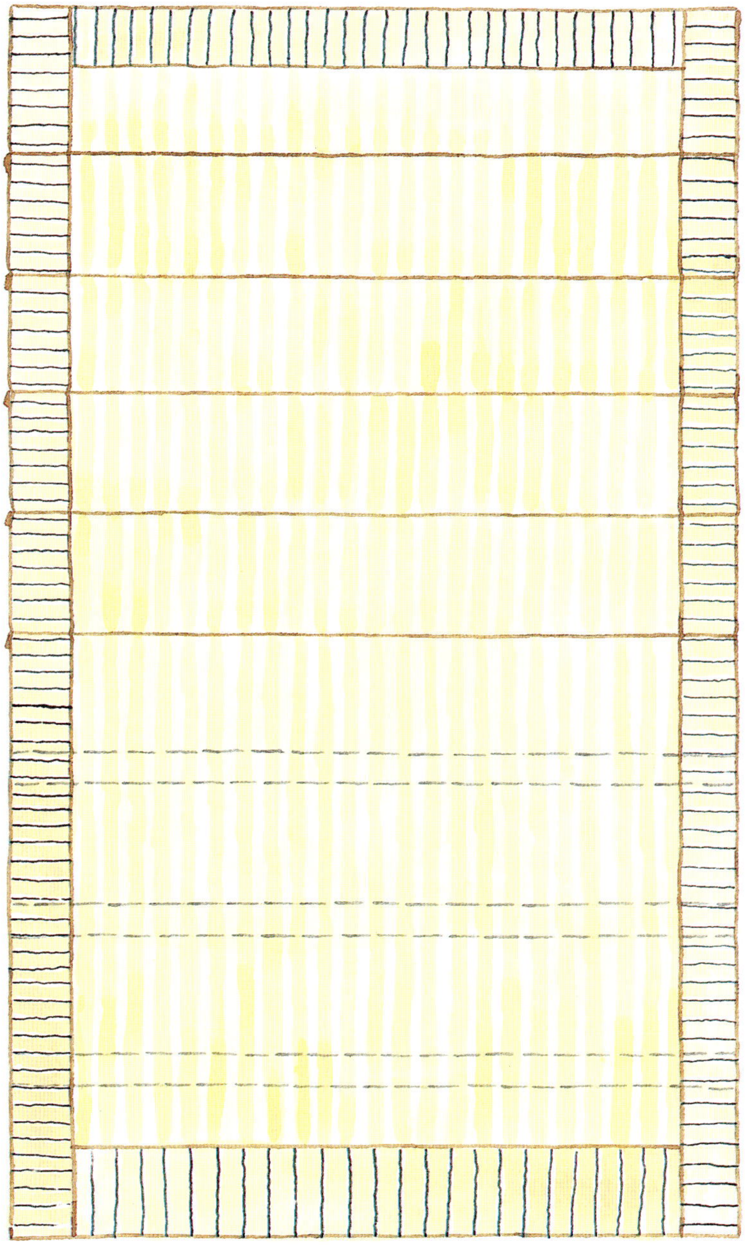

5,6 & 7

Techniken

Spezialstiche

Saumstich

Der Saumstich wird zum Säumen und Verbinden zweier Bruchkanten an der Stoßlinie ausgearbeitet. Sie arbeiten von rechts nach links, führen die Nadel 1 cm weit unter der Bruchkante entlang und nehmen dann einige Fäden des Oberstoffes auf. Wenn Sie zwei eingeschlagene Kanten verbinden wollen, führen Sie die Nadel etwa 1 cm weit unter der einen Kante entlang, dann stechen Sie mit einem kleinen Stich zur anderen Bruchkante und führen die Nadel 1 cm unter dieser entlang. Saumstiche sollten Sie nicht zu fest ziehen, sonst wellt sich der Stoff.

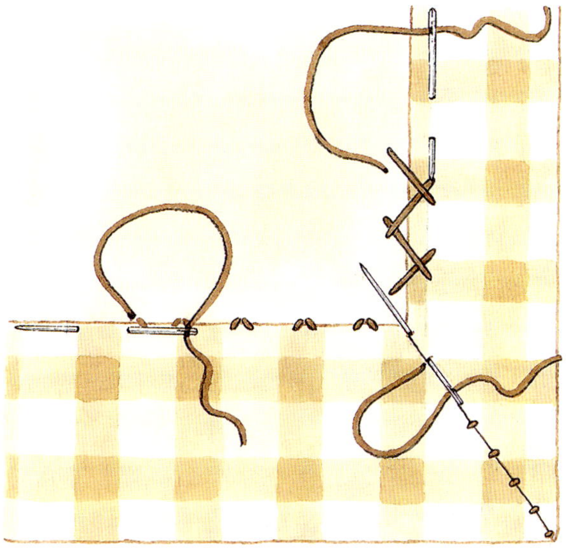

Saumstich und Hexenstich

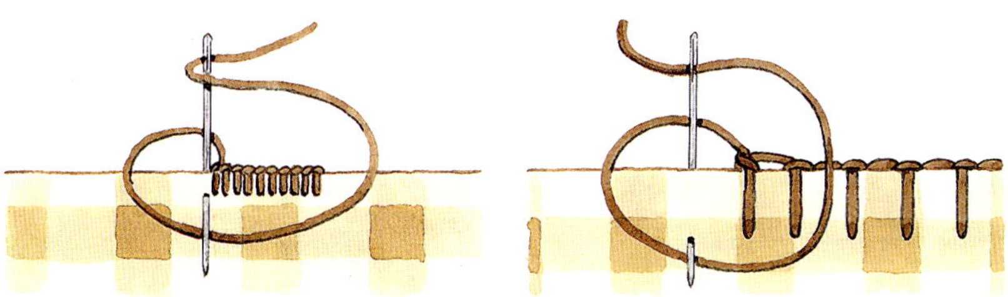

Knopflochstich und Festonstich

Hexenstich

Mit diesem Stich werden doppelte Kreuze gebildet. Er eignet sich gut, um seitliche Säume an Vorhängen zu fixieren, und wird von links nach rechts gearbeitet. Zuerst das Fadenende vernähen, dann machen Sie einen winzigen Rückstich durch den Oberstoff. Anschließend wird nach unten rechts versetzt ein größerer Rückstich durch den Saumeinschlag gearbeitet.

Steppstich zum Befestigen von Stabdurchzügen

Ein langgezogener Steppstich direkt unterhalb des Tunnels, mit dem dieser am Oberstoff fixiert wird: Sie arbeiten mit doppeltem Faden von rechts nach links. Zuerst das Fadenende sichern. Dann einen kleinen Rückstich arbeiten und dabei Futter- und Oberstoff mitfassen. Die Nadel unter dem Futter entlangführen und in ca. 7,5 cm bis 10 cm Abstand den nächsten Rückstich arbeiten.

Knopflochstich

Dieser Zierstich eignet sich für handangefertigte Knopflöcher ebenso wie zum Verzieren und Versäubern von Stoffkanten. Arbeiten Sie von rechts nach links. Zuerst das Fadenende verknoten und den Faden einige Millimeter von der Kante entfernt von der Rückseite durch den Stoff ziehen. Dabei wird der Faden hinter dem Öhr und unter der Nadelspitze zur Schlinge gelegt. Beim Festziehen des Fadens zieht sich die Schlinge an der Stoffkante zu.

Für Knopflöcher müssen die Stiche sehr dicht nebeneinander gearbeitet werden und sollten etwa 3 mm lang sein. Für eine dekorative Kanteneinfassung können die Stiche auch weiträumiger angeordnet werden (Languetten- oder Festonstich). Das ergibt eine dekorative, auffällige Kante.

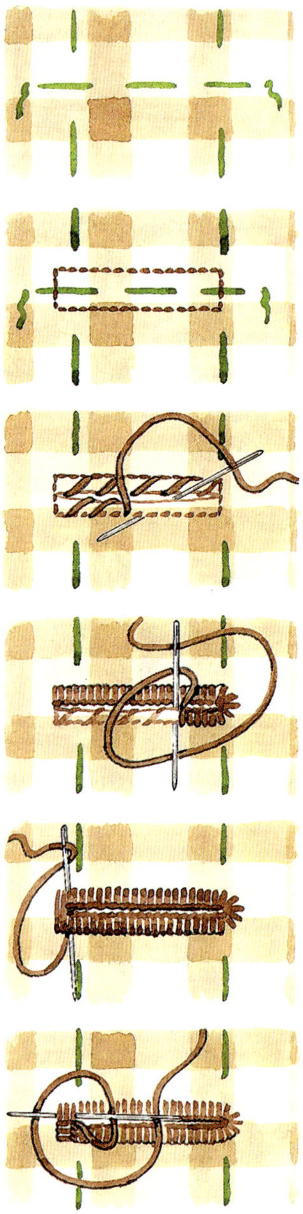

1
2
3
4
5
6

EIN KNOPFLOCH ARBEITEN

Knopflöcher

1 Zuerst werden Position und Größe des Knopflochs durch Heftstiche auf der Mittellinie und an beiden Enden markiert.

2 Steppen Sie dann mit der Nähmaschine mit kleinster Stichgröße ein Rechteck von etwa 6 mm Breite, das 3 mm länger als die geplante Öffnung ist.

3 Jetzt das Knopfloch entlang der Mittellinie aufschneiden. Dabei dürfen die Steppfäden nicht durchtrennt werden. Umstechen Sie die Schnittkanten zunächst mit Überwendlingsstichen, damit sie nicht ausfransen.

4 Von rechts nach links werden nun die Kanten mit eng gesetzten Knopflochstichen eingefaßt. Beginnen Sie an der Ihnen zugewandten Kante. Die Stepplinien dienen zur Orientierung für die Stichlänge und müssen von den Handstichen knapp überdeckt werden. An einem Ende des Knopflochs die Stiche fächerförmig arbeiten und die Arbeit dabei drehen, dann die zweite Kante entsprechend einfassen.

5 Am anderen Ende abschließend einen Riegel aus mehreren Stichen über die gesamte Breite des Knopfloches arbeiten.

6 Zur Verstärkung können Sie zusätzlich noch die längeren Stiche des Riegels mit Knopflochstichen übernähen und dabei den Stoff mitfassen. Das Fadenende an der Rückseite vernähen.

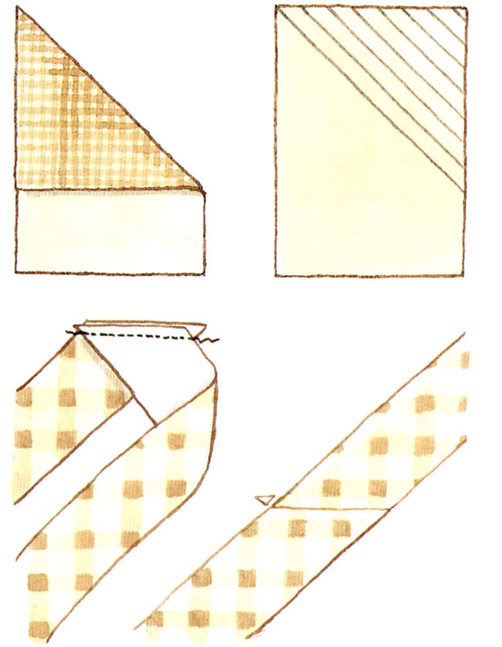

SCHRÄGSTREIFEN SCHNEIDEN UND ZUSAMMENSETZEN

Schrägstreifen

Zum Zuschneiden von Schrägstreifen nehmen Sie ein rechteckiges Stück Stoff und falten eine Ecke diagonal um, so daß Schnittkante und Webkante übereinander liegen. Die diagonale Bruchlinie wird gebügelt. Wieder aufklappen und mit Schneiderkreide oder Bleistift und Lineal zu diesem Falz genau parallele Linien in der gewünschten Breite ziehen (5 cm Breite für Paspeln, breitere Streifen für schräg geschnittene Blenden und Einfassungen). Schneiden Sie dann so viele Stücke zu, daß diese zusammengesetzt die gewünschte Länge des Schrägstreifens haben.

Zum Zusammensetzen legen Sie die einzelnen Stücke im rechten Winkel rechts auf rechts aufeinander. Dann nähen Sie in 6 mm Abstand die Stoffkanten diagonal zusammen und bügeln die Nähte aus.

Paspeln

Paspelkordel wird in unterschiedlichen Stärken angeboten. Verwenden Sie grundsätzlich einlaufsichere Kordel! Zuerst ausreichend Schrägstreifen zuschneiden und zusammensetzen. Kordel und Schrägstreifen an einem Ende aufeinanderlegen, dann den Schrägstreifen um die Kordel klappen. Die linke Stoffseite liegt innen, die Schnittkanten werden bündig ausgerichtet. Mit dem Paspel- oder Reißverschlußfuß dicht neben der Kordel durch beide Lagen des Schrägstreifens steppen.

Beim Einsetzen der Paspel in eine Naht, zum Beispiel in die umlaufende Naht eines Kissenbezugs, gehen Sie in zwei Schritten vor: Zuerst wird

PASPEL VORBEREITEN UND ANSETZEN

die Paspel rings um das Vorderteil aufgesteppt, dann wird das rückwärtige Teil aufgenäht. Dabei steppen Sie durch vier Stofflagen. Jede Stichreihe muß etwas näher an die Kordel heranrücken, so daß von der fertigen Paspel nur der dünne Wulst, nicht aber die Ansatznähte sichtbar sind. Verläuft die Paspel um eine Ecke, schneiden Sie die Nahtzugabe am Schrägstreifen rechtwinklig ein. Die Ecken zum Abschrägen diagonal absteppen.

Soll eine Paspel zur Runde geschlossen werden, wird der Anfang zunächst nicht festgesteppt. Am Ende der Runde die Kordel (nicht den Schrägstreifen) so abschneiden, daß sie genau an den Anfang der Kordel stößt. Den Schrägstreifen 2,5 cm über die Kordel hinausstehen lassen, knappkantig einschlagen und um den Anfang der Paspel legen. Dann die Anschlußstelle steppen.

Bänder einfärben

Bindebänder lassen sich ganz einfach aus gewöhnlichem Baumwoll- oder Köperband herstellen, das in jeder Kurzwarenabteilung erhältlich ist. Bei Bedarf können Sie dieses Band auch passend zu Ihrem Stoff einfärben. Für das Modell auf Seite 40 wurde der Farbton aus drei verschiede-

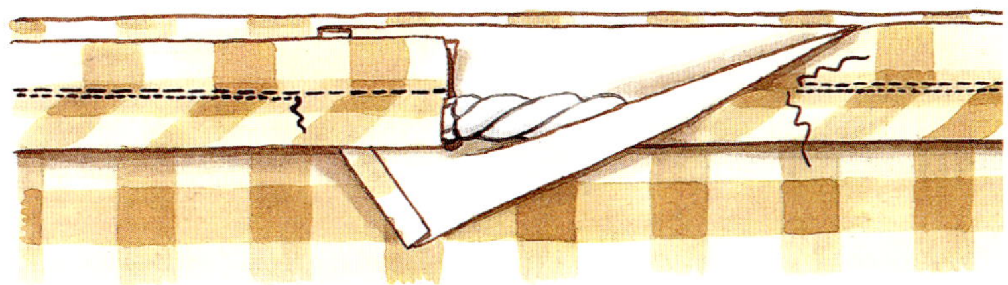

PASPELENDEN ZUSAMMENFÜGEN

nen Farben gemischt. Beim Mischen müssen Sie sehr sorgfältig vorgehen. Mischen Sie zunächst nur eine kleine Menge Farbe an und notieren Sie sich die genaue Zusammensetzung der Anteile. Tauchen Sie ein kurzes Stück Band für die angegebene Zeitdauer in die Farbe. Nach dem Trocknen oder Trockenbügeln (zwischen zwei Papierlagen) das Ergebnis kontrollieren. Stimmt der Farbton noch nicht, verändern Sie die Farbmischung. Wieder die Mengen genau notieren und eine Färbeprobe mit einem Bandrest machen. Fahren Sie so fort, bis Sie den richtigen Farbton gefunden haben. Wenn Sie systematisch alle Änderungen im Mischungsverhältnis notiert haben, können Sie nun eine größere Menge Farbe ansetzen und die gesamten Bänder einfärben.

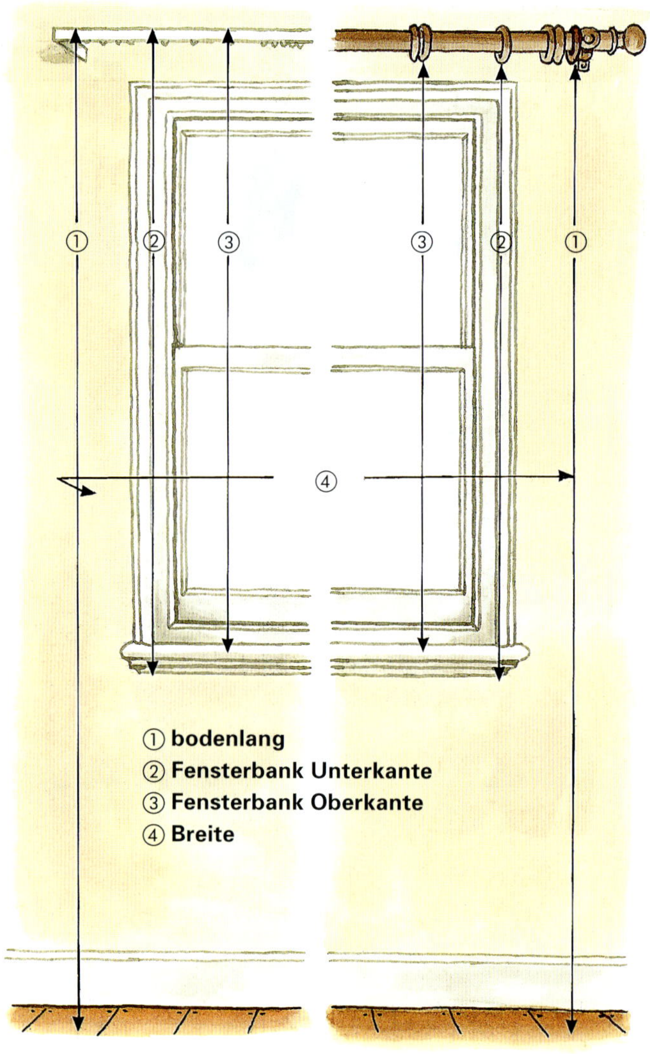

MASSNEHMEN FÜR VORHÄNGE

Maßnehmen für Vorhänge und Jalousien

Um den Stoffbedarf für Vorhänge oder Jalousien zu berechnen, brauchen Sie zwei Maße: die Länge und die Breite des fertigen Stücks (s. rechte Spalte). Besonders paßgenau können Sie arbeiten, wenn Sie die Aufhängevorrichtung vor dem Maßnehmen anbringen. Ein Bandmaß aus Metall eignet sich besser als ein flexibles Band für Stoffe.

Fertige Länge

Für Vorhänge messen Sie von der Oberkante der Gardinenschiene bzw. von der Unterkante der Ringe an der Gardinenstange bis zur gewünschten Länge. Entscheiden Sie selbst, ob der Vorhang oberhalb der Fensterbank enden, sie knapp abdecken oder bis zum Fußboden reichen soll. Sollen bodenlange Vorhänge frei fallen, ziehen Sie von der Länge 1 cm ab. Sollen Sie bauschig aufstehen, addieren Sie 2,5 cm bis 10 cm. Messen Sie die Länge an mehreren Stellen – für den Fall, daß Boden oder Fenster nicht ganz gerade sind. Weichen die Maße nur geringfügig voneinander ab, wählen Sie ein Mittelmaß. Sind die Abweichungen größer, sollten Sie die Vorhänge erst nach dem Aufhängen säumen.

Bei Jalousien muß zuerst entschieden werden, wo die Befestigung angebracht wird. Liegt das Fenster in einer Nische, wird die Befestigungsleiste meist in die Nische geschraubt. Ist das Fenster bündig in die Wand gesetzt, kann die Jalousie auf dem Rahmen oder darüber angebracht werden. Messen Sie von der Oberkante der Befestigungsleiste bis zur Unterkante der Jalousie (meist Fensterbankhöhe oder etwas mehr).

Fertige Breite

Für Vorhänge messen Sie zunächst die Länge der Vorhangstange oder -schiene aus. Steht eine Schiene weit in den Raum vor, muß auch der Abstand beider Enden zur Wand gemessen und zur Breite addiert werden.

Stangen oder Schienen sollten beidseits mindestens 15 cm über das Fenster hinausragen. So kann der zurückgezogene Vorhang frei hängen, ohne das Fenster zu verdecken.

Für Jalousien und Rollos ermitteln Sie die Breite des Bereichs, der vom Stoff verdeckt werden soll. Das kann entweder die Breite des Fensterglases oder der Nische sein, es kann aber auch der Rahmen mit verdeckt werden.

Stoffbedarf für Vorhänge und Jalousien ermitteln

Vorhänge

Geben Sie zu den fertigen Maßen des Vorhangs 20 cm für den unteren Saum sowie 10 cm für den oberen Einschlag zu.

Wenn Sie einen Stoff mit Rapportmuster verarbeiten, müssen Sie dies mit berücksichtigen. Teilen Sie die ermittelte Stofflänge (einschließlich Zugaben) durch die Höhe des Rapports und runden Sie das Ergebnis auf die nächste ganze Zahl auf. Multiplizieren Sie diese Zahl nun wieder mit der Höhe des Musterrapports. Dies ergibt die erforderliche Zuschnittlänge für eine Vorhangbahn.

Um die Anzahl der Stoffbahnen in der Breite zu ermitteln, multiplizieren Sie die fertige Breite mit 1,5, 2,5 oder sogar 3. Maßgeblich für diesen Faktor sind die Dicke des Stoffes und die gewünschte Fülle des Vorhanges. In der Regel rechnet man 1,5fache Stoffbreite für einfache, schmale Vorhänge, doppelte bis 2,5fache Breite für stärker gekräuselte oder gefältelte Bahnen und 3fache Breite für sehr feinen Musselin. Teilen Sie das Ergebnis durch die Breite des gewählten Stoffes (meist 120 oder 140 cm) und runden Sie zur nächsten ganzen Zahl auf bzw. ab. So errechnen Sie die Anzahl der benötigten Stoffbahnen.

Um den Gesamtbedarf an Stoff zu errechnen, multiplizieren Sie nun die Länge einer Stoffbahn mit der nötigen Anzahl an Bahnen.

Jalousien

Geben Sie zur fertigen Länge an Ober- und Unterkante je 5 cm für Saum und Einschlag zu. An den Seitenkanten gleichfalls je 5 cm zugeben. Da Jalousien und Rollos nicht gekräuselt werden, ist die Breite leicht zu errechnen. Teilen Sie diese (einschließlich Zugaben) durch die Breite Ihres Stoffes. Liegt das Ergebnis unter 1, benötigen Sie nur eine Bahn. Ist das Ergebnis größer als 1 (z. B. weil Sie einen Musterrapport berücksichtigen müssen), multiplizieren Sie die Gesamtlänge einer Bahn mit der Anzahl der benötigten Bahnen, um den Stoffbedarf zu ermitteln. Statt Jalousien in Bahnen zu arbeiten, könnten Sie auch einen breiteren Stoff wählen oder dekorative Blenden ansetzen (s. Seiten 66 bis 69).

① Rahmenbreite
② Nischenbreite
③ Flügelbreite
④ Fensterbank Unterkante
⑤ Fensterbank Oberkante

MASSNEHMEN FÜR JALOUSIEN

Schräge Ecken

sind eine sehr saubere Art der Eckverarbeitung. Der Vorteil ist, daß kein Stoff weggeschnitten werden muß. So kann der Saum bei Bedarf später herausgelassen werden.

Zunächst die Stoffkanten an beiden Seiten der Ecke scharf einbügeln und den Stoff wieder aufklappen. Dann die Ecke so einschlagen, daß der diagonale Bruch genau durch den Schnittpunkt der beiden Bügellinien verläuft. Auch die Ecke umbügeln und nun die Säume an beiden Seiten wieder einschlagen. Dabei stoßen die Stoffkanten in der Ecke diagonal zusammen. Diese Stoßkante wird mit feinen Saumstichen geschlossen.

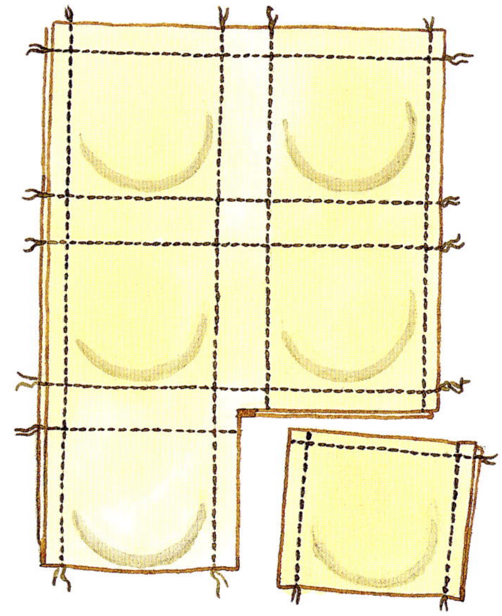

BLEIGEWICHTE BEZIEHEN

SCHRÄGE ECKEN ARBEITEN

Auch verschieden breite Säume, etwa ein 10 cm breiter doppelter Saum an der Unterkante eines Vorhangs und ein 5 cm breiter einfacher Saum an der Seite, können in dieser Art verarbeitet werden. Zuerst wird an der Unterkante der 10 cm breite doppelte Saum umgebügelt, dann gehen Sie wie oben vor. Probieren Sie aus, wie Sie die Ecke einschlagen müssen, damit die Stoßkanten exakt zusammentreffen.

Bleigewichte

können Sie in gut sortierten Haushaltswaren- und Einrichtungsgeschäften kaufen. Sie sind am einfachsten zu befestigen, wenn Sie sie in kleine Taschen aus Futterstoff-Resten einnähen. So reiben die Gewichte auch nicht so leicht am Oberstoff. Heften Sie die Gewichte an der Stoffrückseite in die Ecken der Säume und an eventuellen Nähten zwischen den Bahnen in den Saumeinschlag.

Für sechs Gewichte benötigen Sie einen Stoffrest von etwa 30 x 10 cm. Legen Sie den Stoff mit den Schmalseiten zur Hälfte zusammen. Dann beide Seitenkanten 5 mm neben den Schnittkanten zusteppen, so daß ein Beutel von ca. 15 x 10 cm entsteht. In der Mitte des Beutels zwei Stepplinien mit 1 cm Abstand nähen. Lassen Sie in jede der beiden Beutelhälften ein Gewicht fallen. Direkt über den Gewichten zwei Stepplinien mit 1 cm Abstand nähen. Zwei weitere Gewichte einschieben und erneut absteppen. Wenn Sie nun den Stoff zwischen den Stepplinien auseinanderschneiden erhalten Sie sechs einzelne Gewichte.

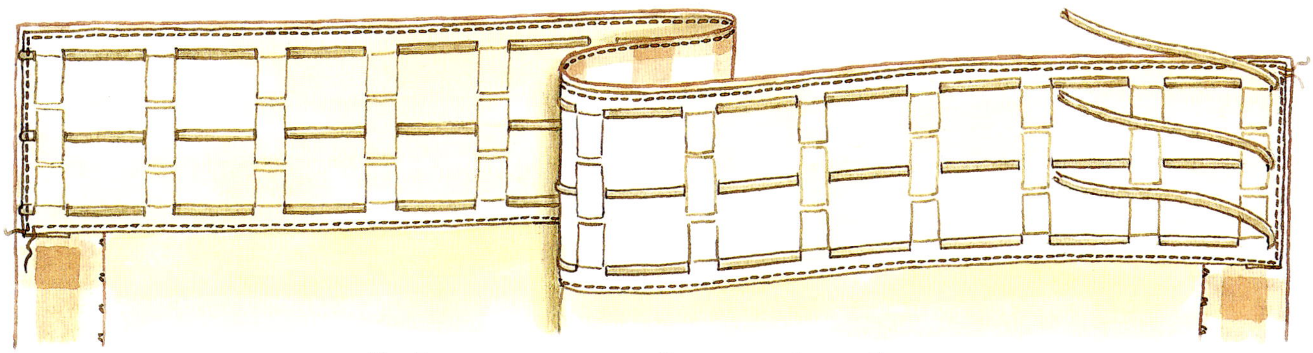

MIT FALTENBAND ERHALTEN SIE GLEICHMÄSSIGE FALTEN

Vorhangbänder

Vorhangbänder werden in zahlreichen Breiten und Qualitäten als Meterware angeboten. Ösen zum Einhaken der Vorhangringe oder -gleiter sind meist eingearbeitet. Im Handel sind verschiedene Marken und Qualitäten erhältlich. Für schwere Stoffe empfehlen sich hochwertige, etwas teurere Bänder, die meist stabiler sind und einen wirklich gleichmäßig ausgebildeten Faltenwurf erzielen. Für die Modelle in diesem Buch wurden ausschließlich zwei Typen von Vorhangband verwendet:

- 2,5 cm breites Kräuselband, das meist 5 cm oder 7,5 cm unterhalb der Vorhangoberkante aufgesteppt wird. Damit entsteht eine lockere Rüsche, hinter der die Gleiter oder Ringe verschwinden. Dieses Band hat nur eine Reihe von Ösen für Ringe oder Gleiter.
- 7,5 cm breites Faltenband mit drei Zugschnüren, wodurch die Oberkante des Vorhangs in regelmäßige und steife Falten gelegt wird. Dieses Band hat drei Reihen von Ösen für Gleiter oder Ringe, so daß bei der Höhe des Vorhangs variiert werden kann – je nachdem, welche Vorrichtung Sie verwenden. Die oberste Ösenreihe ist für die Befestigung an einer Vorhangstange gedacht, wobei die Stange sichtbar bleibt. Die mittlere und unterste Reihe sind für eine Schiene bestimmt, so daß diese verdeckt wird.

Legen Sie den Vorhang mit der Rückseite nach oben glatt aus. Plazieren Sie das Band knapp an der Kante oder der vorgezeichneten Markierungslinie (falls ein breiteres Köpfchen erwünscht ist). Ziehen Sie die Zugschnüre 2,5 cm weit aus dem Band heraus, dann schlagen Sie die Schnittkanten des Bandes 1 cm nach innen um und richten sie bündig mit der Vorhangkante aus.

Steppen Sie nun die Oberkante des Bandes knappkantig auf. Wenn Sie die Schmalseite an der Vorderkante erreichen, verknoten Sie die Zugschnüre fest und schieben sie unter das Band. Die Schmalseite absteppen und am unteren Ende mit Rückstichen sichern. Anschließend vom Ausgangspunkt aus die andere Schmalseite des Bandes aufsteppen; dabei dürfen jedoch die Zugschnüre nicht mitgefaßt werden. Um die Ecke herumnähen und die Unterkante des Bandes aufsteppen. Alle Nahtenden mit Rückstichen sichern.

Jetzt die freien Enden der Zugschnüre verknoten und gleichmäßig anziehen, bis die Vorhangkante die Breite der Schiene oder Stange (plus etwas Spiel) hat. Achten Sie darauf, den Stoff nicht zu straff zusammenzuziehen, sonst klaffen die Vorhänge, wenn sie zurückgezogen sind. Sehr breite Vorhänge lassen sich am einfachsten in Falten legen, wenn Sie die Zugschnüre an einem Türgriff befestigen und dann den ganzen Vorhang von der Tür wegziehen. Fixieren Sie die Zugschnüre mit einer Schlinge (die sich notfalls leicht wieder aufziehen läßt). Die überhängenden Zugschnüre werden aufgewickelt und mit einer Sicherheitsnadel am Vorhangband befestigt.

Bezugsquellen

Alle Stoffe, die für die Modelle in diesem Buch verarbeitet werden, sind in Ian Mankins Geschäften erhältlich.

London

109 Regents Park Road
Primrose Hill
London NW1 8UR
Tel.: 0044/171/722 0997
Fax: 0044/171/722 2159

271 Wadsworth Bridge Road
London SW6 2TX
Tel.: 0044/171/371 8825

Deutschland

Holger Stewen
Hohe Bleichen 23
20354 Hamburg
Tel.: 040/34 84 70
Fax: 040/34 84 727

Kompaniet
Blumenstraße 21
80331 München
Tel.: 089/26 36 49
Fax: 089/26 43 85

Österreich

Les Tissus Colbert
Vorlaufstraße 4
1010 Wien
Tel. und Fax: 0043/1/535 80 87

Für Interessenten aus der Schweiz, in denen es keine Ian Mankin-Repräsentanz gibt, bietet das Geschäft in der Regents Park Road einen Versandservice an. Auch bei „Kompaniet" in München werden per Nachnahme Stoffe verschickt.

Hinweise zu den Stoffen

Da es sich bei den Mankinschen Textilien um allgemein gebräuchliche Stoffe handelt, haben Sie selbstverständlich die Möglichkeit, auf andere Hersteller zurückzugreifen. Allerdings können in diesem Fall die Ergebnisse leicht von den im Buch vorgestellten Vorschlägen abweichen. Auch müssen Sie in einigen Bereichen, insbesondere bei Drell, mit Einschränkungen bei der Auswahl an Mustern rechnen. Grundsätzlich wichtig ist jedoch, daß die von Ihnen gewählten Stoffe den hier verwendeten in Merkmalen wie Dicke, Fall, Stabilität und Dehnbarkeit möglichst ähnlich sind.

Sollten Sie exakt mit den angegebenen Stoffen arbeiten wollen, steht die Mankinsche Stoffbezeichnung (z. B. „Devon Check") jeweils in Klammern hinter der in der Materialliste genannten Stoffart.

Einrichtungsgegenstände

Aria
133 Upper Street
London N1
Tel.: 0044/171/226 1021
(Küchenbedarf, Gepäckstücke und andere Einrichtungsgegenstände)

Aria
259 Upper Street
London N1
Tel.: 0044/171/704 1999
(Badezimmerausstattung von Korbwaren bis hin zu Toilettenartikeln, s. Foto Seite 113)

Bohemia
138 Regents Park Road
London NW1
Tel.: 0044/171/916 7690
(Möbel – s. Fotos Seiten 17 und 19)

Christopher Farr
115 Regents Park Road
London NW1
Tel.: 0044/171/916 7690
(Teppiche – s. Foto Seite 17)

Liberty
Regent Street
London W1
Tel.: 0044/171/734 1234
(Einrichtungsgegenstände aller Art – s. Fotos Seiten 35, 38/38, 48/49)

Meaker and Son
166 Wandsworth Bridge Road
London SW6
Tel.: 0044/171/731 7416
(Möbel – s. Foto Seite 77)

George Pederson
152 Upper Street
London N1
Tel.: 0044/1/359 5655
(s. Fotos Seiten 64 und 67)

Peter Place at I and L Brown Antiques
636 Kings Road
London SW6
Tel.: 0044/171/736 9945
(Holz- und Metallgegenstände – s. Foto Seite 48)

Summerhill and Bishop
100 Portland Road
Notting Hill
London W11
Tel.: 0044/171/221 4566
(Küchenbedarf und dekorative Küchengegenstände – s. Foto Seite 38/39)

Tidmarsh and Sons
Transenna Works
Laycock Street
London N1 1SW
Tel.: 0044/171/226 2261
(maßgefertigte Stoffrollos – s. Foto Seite 95)

David and Charles Wainwright
22 Rosslyn Hill
Hampstead
London NW3
Tel.: 0044/171/431 5900
(Möbel und andere dekorative Einrichtungsgegenstände – s. Fotos Seiten 14/15 und 17)

Register

Kursiv gedruckte Seitenzahlen beziehen sich auf Abbildungen, **fett** gedruckte Einträge verweisen auf Modelle mit Schritt-für-Schritt-Anleitung.

Danksagung

Der Verlag dankt folgenden Fotografen und Firmen für die freundliche Genehmigung zur Reproduktion von Fotos:

S. 2: Clifford Studios; S. 5: Clifford Studios; S. 6: Robert Harding Picture Library / James Merrell / Homes & Gardens © IPC Magazines; S. 8: Clifford Studios; S. 10: Robert Harding Picture Library / Adam Woolfitt; S. 11: Robert Harding Picture Library / Jan Baldwin / Homes & Gardens © IPC Magazines; S. 17: Robert Harding Picture Library / James Merrell / Homes & Gardens © IPC Magazines; S. 28: Clifford Studios; S. 30: Robert Harding Picture Library / James Merrell / Options © IPC Magazines; S. 31, 32/33: Elizabeth Whiting & Associates / Jean-Paul Bonhommet; S. 42: Clifford Studios; S. 44: Jacqui Hurst; S. 45: Clifford Studios; S. 56: Clifford Studios; S. 58: Marie Claire Maison / Marie Pierre Morel / Daniel Rozensztroch; S. 59: Robert Harding Picture Library / James Merrell / Homes & Gardens © IPC Magazines; S. 60/61: The Interior Archive / Fritz von der Schulenberg / Designer Mimmi O'Connell; S. 70: Clifford Studios; S. 72: Trip / M. Feeny; S. 73: Robert Harding Picture Library / Geoffry Frosh / Country Homes & Interiors © IPC Magazines ; S. 74/75: Robert Harding Picture Library / Chris Drake / Country Homes & Interiors © IPC Magazines; S. 92: Clifford Studios; S. 94: Agence Top / Martin Fraudreau; S. 96: Robert Harding Picture Library / Tom Leighton / Homes & Gardens © IPC Magazines ; S. 104: Clifford Studios; S. 106: Jacqui Hurst; S. 107: National Magazine Company / SHE / Rosemary Weller; S. 109: Robert Harding Picture Library / Simon Brown / Country Homes & Interiors © IPC Magazines

Alle anderen Fotos © Nadia Mackenzie

Der Dank des Verlags gilt außerdem folgenden Firmen, die Einrichtungsgegenstände für die Fotos zur Verfügung gestellt haben:
London Furniture Services, Windmill Works, Alma Road, Enfield, Middlesex EN3 7BE (Viktorianische Klappliege Seite 47)
Henry Newbury & Co Ltd, 18 Newman Street, London W1P 4AB (Borte Seiten 98/99)
GJ Turners, Fitzroy House, Abbot Street, London E8 3DP (Fransenborte Seiten 24/25)
Wild at Heart, Turquoise Island, Westbourne Grove, London W11 (Blumen Seiten 35 und 48/49)
Joshua Wiskey, Tel.: 0044/181/969 9093 (Ölgemälde Seite 62)